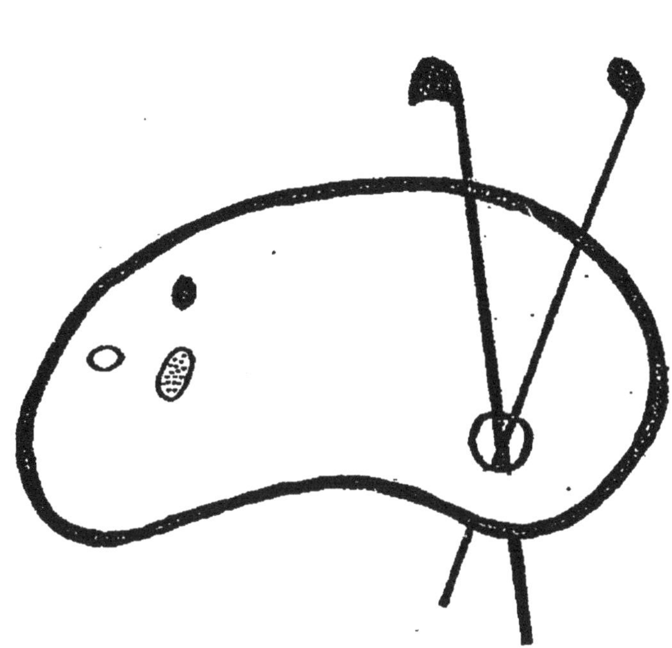

DEBUT D'UNE SERIE DE DOCUMENTS
EN COULEUR

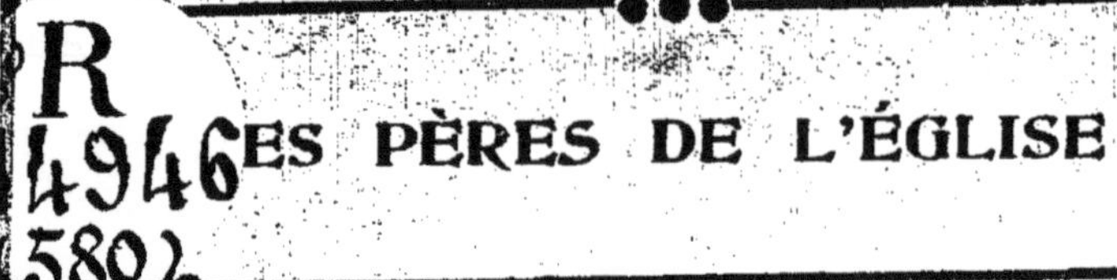

LES PÈRES DE L'ÉGLISE

Abbé A. BÉRY

SAINT JUSTIN

Sa Vie et sa Doctrine

BLOUD & Cie

S. et R. 580

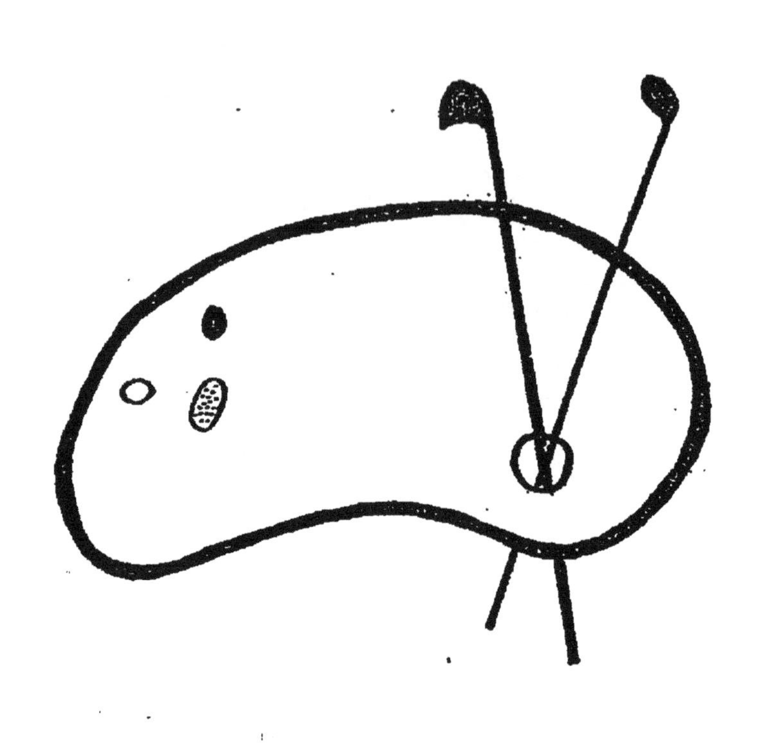

FIN D'UNE SERIE DE DOCUMENTS
EN COULEUR

Les Pères de l'Eglise

SAINT JUSTIN

Sa Vie et sa Doctrine

PAR

l'Abbé A. BÉRY

PARIS
LIBRAIRIE BLOUD & Cie
7, PLACE SAINT-SULPICE, 7
1 ET 3, RUE FÉROU — 6, RUE DU CANIVET
—
1911

DANS LA MÊME COLLECTION

ALLARD (Paul). — **Les Chrétiens ont-ils incendié Rome sous Néron ?** *(278)*.................... 1 vol.

Du même auteur. — **Les Persécutions et la critique moderne.** *(279)*.................... 1 vol.

BADET (P.). — **La Femme chrétienne au temps des Persécutions, son influence et son rôle.** *Etude historique. (147)*.................... 1 vol.

BAUDRILLART (André), Agrégé de l'Université, ancien membre de l'Ecole Française de Rome. — **Les Catacombes de Rome,** *Histoire et description,* d'après les documents les plus récents. Vingt-sept gravures. *(219-220)*. 2 vol. Prix... 1 fr. 20

De même auteur. — **La Charité aux premiers siècles du Christianisme.** *(253)*.................... 1 vol.

BESSE (J. M.). — **D'où viennent les Moines ?** *Etude historique (160)*.................... 1 vol.

Du même auteur. — **Les Moines de l'Afrique romaine,** *IIIe et IVe siècles,* 2 vol. *(201-202)*. Prix..... 1 fr. 20

BOURGINE (M.), Curé-doyen. — **Conversion de saint Paul. Saint Paul a-t-il été halluciné ?** *(175)*...... 1 vol.

DUFOURCQ (Albert), Professeur à l'Université de Bordeaux, Docteur ès lettres. — **La Christianisation des Foules.** *Etude sur la fin du paganisme populaire et sur le culte des Saints (252)*.................... 1 vol.

ERMONI (V.). — *Les premiers Ouvriers de l'Evangile.* — I. **Les Apôtres, les Evangélistes, les Prophètes, les Docteurs.** *(344)*.................... 1 vol.

Du même auteur. — *Les premiers Ouvriers de l'Evangile.* — II. **Les Diacres, les Higoumènes, les Liturgistes, les Pasteurs, les Prohigoumènes, les Préposés,** etc. *(345)*.................... 1 vol.

RIVIÈRE (Jean), professeur d'Ecriture sainte. — **La Propagation du Christianisme dans les trois premiers siècles** *(454-455)*. 2 vol. Prix.............. 1 fr. 20

NIL OBSTAT

A. TANQUEREY.

IMPRIMATUR :

P. FAGES,
Vic. gen.

SAINT JUSTIN

Avant-Propos.

Saint Justin est le principal représentant, le modèle et le maître incontesté des apologistes au second siècle.

Avant lui, dès le premier siècle, quelques auteurs, des païens convertis pour la plupart, avaient affirmé courageusement leur foi chrétienne en face de l'intolérance ou de la persécution et réclamé pour eux et leurs frères la liberté dont jouissaient à Rome et dans l'empire tout entier les diverses sectes philosophiques ou religieuses qui se partageaient l'opinion publique. L'histoire nous a conservé les noms de quelques-uns d'entre eux ; ils s'appelaient Quadratus, Ariston, Miltiade, Méliton, Apollinaire... Mais leurs ouvrages, écrits sans doute à la hâte et pour répondre à des objections passagères, ne sont pas parvenus jusqu'à nous. Nous possédons seulement en entier une *Apologie* d'Aristide, qu'on peut dater de l'an 140 environ, et quelques courts fragments retrouvés en citations dans des écrits postérieurs.

D'autres après lui, durant la seconde moitié du IIe siècle, continuèrent l'œuvre commencée, mais en se recommandant de lui comme de leur maître. Il faut citer au premier rang Tatien, dans son *Discours aux Grecs* vers 170 ; puis Athénagore, dans un *Plaidoyer pour les chrétiens* et un traité *De la résurrection des morts,* 176-178 ; et Théophile d'Antioche dans *Trois livres à Autolycos* dont la date n'a pas encore été déterminée.

En plus de ces ouvrages, signés de noms connus, il faut citer plusieurs écrits anonymes, sans date précise mais encore très importants : ce sont le *Discours aux Grecs*, l'*Exhortation aux Grecs,* un traité *De la Monarchie* et l'*Epître à Diognète*. Ces écrits ont été longtemps attribués à saint Justin et édités en même temps que ses deux *Apologies* (1) ; ils ne sont pas de lui, de l'avis commun des critiques, mais l'œuvre de l'un ou même de plusieurs de ses disciples.

Mentionnons enfin à part, entre 195 et 200, les deux premiers apologistes latins : Tertullien avec son *Apologétique* et Minucius Félix avec l'*Octavius*.

Ainsi donc, parmi les apologistes grecs, saint Justin occupe le premier rang, par l'étendue de son œuvre d'abord, ensuite et surtout par la vigueur de son argumentation et la richesse de sa doctrine.

Etudier ses ouvrages, c'est en quelque manière étudier toute la littérature apologétique de son époque. C'est en même temps ajouter un chapitre vivant, et vécu, pour employer un mot moderne, à l'histoire de l'Église durant le second siècle.

Le cadre restreint de cette brochure ne nous a pas permis d'entrer dans de grands détails de critique ; aussi ce travail s'adresse-t-il moins aux savants et aux spécialistes qu'au public catholique, désireux d'avoir sur les Pères de l'Eglise, leur vie et leur œuvre, sous un petit volume, une étude aussi documentée et complète que possible.

(1) Mgr Freppel, dans son cours d'éloquence sacrée, fait à la Sorbonne 1858-1859, et publié peu après, considère encore ces ouvrages comme appartenant à saint Justin.

Nous nous sommes inspirés, dans la seconde partie, de la méthode déjà employée dans plusieurs ouvrages de la collection *La Pensée chrétienne*, qui consiste à grouper dans un même chapitre autour d'une idée principale des textes souvent disséminés dans un ou plusieurs livres du même auteur. Pour saint Justin en particulier, le lecteur devra consulter l'ouvrage de M. J. Rivière, intitulé *Saint Justin et les Apologistes du second siècle* (1), avec introduction de Mgr Batiffol ; il y trouvera un très grand nombre de textes sur plusieurs points de doctrine que nous n'avons pu qu'effleurer.

Enfin nous avons utilisé, d'une manière à peu près constante, la traduction de M. L. Pautigny (2) pour les *Apologies* et celle de M. G. Archambault pour le *Dialogue avec Tryphon* (3).

(1) Paris, Bloud et Cie, 1907.
(2) Paris, Alph. Picard, 1904.
(3) Paris, Alph. Picard, 1909.

PREMIÈRE PARTIE

Biographie de saint Justin.

Saint Justin naquit à Flavia-Neapolis, l'antique Sichem de l'Écriture, aujourd'hui Naplouse (corruption de Neapolis), ainsi nommée en souvenir de Flavius Vespasien qui contribua à la restaurer.

La date de sa naissance est incertaine. Quelques auteurs ont cru pouvoir fixer l'an 103, sans d'ailleurs indiquer sur quels documents ils s'appuyaient. On doit pourtant s'éloigner peu de la vérité en la plaçant dans les premières années du IIe siècle.

Fils et petit-fils de vétérans, saint Justin nous a conservé le nom de son père, Priscus, et de son aïeul, Bacchius (1), établis par Titus dans la capitale de la Samarie, devenue colonie militaire, après la ruine de Jérusalem. Saint Épiphane, induit en erreur sans doute par le titre de « compatriotes » que l'apologiste donne aux Samaritains, pensait qu'il avait appartenu au schisme de Samarie et qu'il était de la race d'Abraham : opinion bien invraisemblable quand on lit attentivement son *Dialogue avec Tryphon ;* il y insinue en effet assez clairement qu'il est grec, donc païen d'origine (2), et qu'il n'a jamais été circoncis (3).

(1) *In titul. Apolog.*, I.
(2) *Apolog.*, I, 53.
(3) *Dial. avec Tryph.*, 28, 41, 44, etc.

Nous ne savons sur sa jeunesse, ses études et sa conversion que ce qu'il nous en dit dans les premiers chapitres du *Dialogue avec Tryphon;* nous allons laisser la parole à l'auteur. Cet important passage, partout cité, est d'ailleurs devenu classique :

« Pour moi, je commençai par désirer de fréquenter à mon tour un de ces philosophes, et je me confiai à un Stoïcien. Après un certain temps passé auprès de lui, comme je n'avais rien ajouté à mes connaissances sur Dieu (il ne le connaissait pas lui-même et il disait que cette science n'était pas nécessaire), je le quittai pour un autre, Péripatéticien, esprit très pénétrant à ce qu'il croyait. Il me supporta les premiers jours, puis voulut que je fixasse un salaire pour que nos relations ne nous restassent pas inutiles. Cela fut cause que je l'abandonnai, ne l'estimant pas philosophe du tout.

Je restai cependant le cœur rempli du désir d'entendre ce qui est proprement et excellemment la philosophie et je m'adressai à un Pythagoricien très célèbre, très fier de sa sagesse. Puis, comme je l'entretenais de l'intention de devenir son élève et disciple familier : « Comment ? dit-il, as-tu appris la musique, l'astronomie, la géométrie ? Penses-tu donc contempler un jour quelqu'une des choses qui contribuent au bonheur, si tu n'as appris auparavant ce qui détache l'âme des objets sensibles, pour la rendre capable des intellectuels, afin qu'elle voie le beau et le bien en eux-mêmes ? » Il me fit donc un grand éloge de ces sciences, me déclara qu'elles étaient nécessaires, puis me congédia lorsque je lui avouai ne pas les connaître. J'étais naturellement peiné de cette déception, d'autant plus que j'estimais qu'il était savant. Mais lorsque ensuite je considérai le temps qu'il me fallait passer à ces sciences, je ne pus me résoudre à ce long retard.

Dans mon embarras, j'eus l'idée d'aller trouver les Platoniciens ; ils avaient en effet un grand renom. Il y avait depuis peu dans notre ville un homme intelligent ; c'était un des principaux Platoniciens. Je le fréquentai le plus souvent que je pus, et je fis ainsi des progrès ; chaque jour, j'avançais le plus possible. L'intelligence des choses incorporelles me captivait au plus haut point ; la contemplation des idées donnait des ailes à mon esprit, si bien qu'après un peu de temps, je crus être devenu un sage ; je fus même assez sot pour espérer que j'allais immédiatement voir Dieu : car tel est le but de la philosophie de Platon (1). »

Que faut-il penser de cette nomenclature et devons-nous prendre à la lettre ce récit très vivant où l'auteur nous fait la confidence de ses déceptions philosophiques ? La plupart des auteurs anciens le croyaient et on pourrait encore l'admettre à la rigueur. Il est vraisemblable pourtant que la fiction entre au moins pour une part dans cette autobiographie. Remarquons en effet que les écoles philosophiques y sont classées dans un ordre ascendant, depuis le stoïcisme de Zénon jusqu'au spiritualisme de Platon ; saint Justin ne voudrait-il pas montrer par là, d'une façon concrète et plus saisissante, les diverses étapes que son esprit dut franchir avant d'arriver à la pleine lumière de la foi chrétienne ?

Quoi qu'il en soit, ce n'est pas à Neapolis, colonie militaire si importante qu'on la suppose, que Justin put rencontrer de si nombreux et célèbres philosophes. Quelle est donc la cité dont il veut parler quand il dit « notre ville » ?

(1) *Dial. avec Tryph.*, II, 3, à III.

Nous savons qu'il visita Alexandrie, car il raconte que les Juifs alexandrins lui montrèrent dans l'île de Pharos les restes des cellules où les interprètes de la Version des Septante avaient composé cette traduction fameuse ; mais il ne nous dit pas s'il était déjà converti à cette époque, et rien ne le laisse supposer. Néanmoins, c'est à Alexandrie que les auteurs pensent communément devoir placer sa conversion, vers l'an 130 environ.

Il portait alors avec dignité le « pallium » des philosophes et se rangeait parmi les plus fervents disciples du divin Platon, quand une rencontre imprévue qu'il fit décida définitivement de son avenir. Voici comment il raconte cet épisode :

« Dans cette situation donc, je résolus de me rassasier de tranquillité et de fuir les pas des hommes ; et je m'en allais en un lieu qui n'était pas éloigné de la mer (1). J'étais près de cet endroit où je voulais arriver pour me trouver en face de moi-même ; un vieillard, dont l'aspect n'avait rien de méprisable et qui paraissait d'un caractère doux et grave, me suivait à peu de distance. Je me retournai vers lui, puis m'arrêtai et le fixai vivement : « Me connais-tu ? » dit-il.

Je répondis non... »

La conversation s'engage sur le terrain de la philosophie. Répondant à une question, le vieillard lui demande :

— Mais qu'appelles-tu donc Dieu ? dit-il.

— Ce qui est toujours le même et de la même manière, et cause de l'être pour tous les autres, voilà Dieu (2). »

(1) Rappelons que Naplouse est située à plus de 30 kilomètres à l'est de la mer.

(2) *Dial. avec Tryph.*, III, 1, à III, 3.

C'est à cette réponse que l'inconnu voulait amener son interlocuteur. Il lui montre alors la vanité de toutes ces théories spéculatives qui prétendent rapprocher ces deux termes : l'intelligence infinie, éternelle, immuable et toute-puissante qui est Dieu, et l'esprit humain borné, caduc et misérable. Combien toute philosophie, voire même celle de Platon, est insuffisante et stérile sous ce rapport.

« Mais alors quels guides faudra-t-il donc suivre, demanda Justin, si des hommes tels que Socrate, Platon, Aristote et tant d'autres n'ont pu connaître la vérité ? »

Et le vieillard lui répond :

« Il y eut dans les temps reculés, et plus anciens que tous ces prétendus philosophes, des hommes heureux, justes et chéris de Dieu, qui parlaient par l'Esprit-Saint, et rendaient sur l'avenir des oracles qui sont maintenant accomplis : on les appelle prophètes...

Ce n'est pas en démonstrations qu'ils ont parlé : au-dessus de toute démonstration ils étaient les dignes témoins de la vérité ; mais ce sont les événements passés et présents qui forcent à adhérer à ce qu'ils ont dit. Les prodiges qu'ils ont accomplis leur méritaient bien d'être crus, lorsqu'ils ont glorifié l'Auteur de l'univers, Dieu et Père, et qu'ils ont annoncé le Christ qui vient de lui, son Fils... Mais avant tout, prie, pour que les portes de lumières te soient ouvertes, car personne ne peut voir ni comprendre, si Dieu et son Christ ne lui donnent de comprendre. »

« Il me dit toutes ces choses (ajoute saint Justin, en s'adressant à Tryphon) et beaucoup d'autres encore qu'il n'est pas le moment de rapporter maintenant, et il s'en alla en me recommandant de les méditer. Et je ne l'ai plus revu. Mais un feu subitement s'alluma dans mon âme ; je fus pris d'amour pour les prophètes et pour ces hommes amis du Christ ; et réfléchissant en moi-même à toutes ces paroles, je trouvais que cette philosophie était la seule sûre et profitable.

Voilà comment et pourquoi je suis philosophe ! » (1)

Tel est le récit de la conversion de saint Justin.

Quel peut bien être ce mystérieux vieillard dont parle l'apologiste ? Il déclare, comme on l'a vu, n'en rien savoir lui-même. De pieux auteurs ont pensé reconnaître dans ce vénérable personnage un évêque, peut-être saint Polycarpe, ou encore un ange du Ciel envoyé par Dieu pour convertir le philosophe. Les critiques modernes, plus positifs, tranchent, ou plutôt suppriment la question en disant qu'il ne s'agit là que d'un personnage fictif. Peut-être serait-il, en effet, un peu téméraire de présenter la conversion de saint Justin comme un fait rigoureusement miraculeux. Lui-même nous déclare qu'il était déjà incliné vers la foi chrétienne par le spectacle des vertus héroïques que pratiquaient les disciples du Christ :

« Moi-même, lorsque j'étais disciple de Platon, entendant les accusations portées contre les chrétiens et les voyant intrépides en face de la mort et de ce que les hommes redoutent, je me disais qu'il était impossible qu'ils vécussent dans le mal et dans l'amour des plaisirs (2). »

La grâce de Dieu ne pouvait faire défaut à un esprit si amoureux de la vérité, à une âme aussi bien disposée. Justin demanda bientôt à recevoir le baptême. Nous n'avons malheureusement aucun détail précis sur cette circonstance solennelle de sa vie ; mais à

(1) *Dial. avec Triph.*, VII, 1, à VIII, 3.
(2) *IIe Apol.*, XII, 1 à 3.

partir de ce jour, l'Église de Jésus-Christ le comptera parmi ses plus courageux apôtres et ses plus vaillants défenseurs. Lui-même dira plus tard au juif Tryphon :

« Quiconque n'annonce pas la vérité lorsqu'il pourrait le faire est coupable devant Dieu. Tel est le motif qui me porte à enseigner les Écritures par des entretiens fréquents, sans aucun motif d'intérêt, d'ambition ni d'amour-propre. Nul ne pourra m'accuser d'obéir à de pareils sentiments. C'est parce que je crains le jugement de Dieu qu'en dépit de votre mauvaise humeur je continuerai à répondre à vos objections. J'en agis ainsi avec tous les hommes, de quelque nation qu'ils soient, lorsqu'ils s'adressent à moi pour apprendre la vérité (1)... »

En devenant chrétien, loin de renoncer à la vie de philosophe, Justin estima qu'il avait embrassé une philosophie plus sublime et plus sainte ; il garda donc le « pallium », marque distinctive des sages. Ainsi avait agi déjà, avant lui, saint Aristide d'Athènes ; plus tard saint Héraclas, évêque d'Alexandrie, Grégoire le Thaumaturge et quelques autres encore imitèrent son exemple.

On ne peut guère préciser la date de sa venue à Rome, et rien ne prouve sérieusement qu'il ait été attaché au clergé de cette ville en qualité de prêtre ou de diacre, comme certains ont paru le croire autrefois. Nous savons seulement qu'il ouvrit une école catholique où il formait l'intelligence de ses élèves à la foi ; le célèbre Tatien fut un de ses plus brillants disciples.

C'est vers l'an 145 qu'il composa sa première Apologie. Elle débute en ces termes :

(1) *Dial. avec Tryph.*, XLVIII.

« A l'empereur Titus Aelius Hadrianus Antoninus Pius, Auguste César, et à Verissimus (1), son fils, Philosophe, et à Lucius, Philosophe, fils de César par la nature et de Pius par adoption (2), ami de la science, et au sacré Sénat et à tout le Peuple romain, en faveur des hommes de toute race qui sont injustement haïs et persécutés, moi, l'un d'eux, Justin, fils de Priscos, fils de Baccheios, de Flavia Neapolis, en Syrie de Palestine, j'adresse ce discours et cette requête.

La raison veut que ceux qui sont vraiment pieux et sages estiment et aiment exclusivement la vérité et refusent de suivre les opinions des anciens, quand elles sont mauvaises... Vous donc, qui partout vous entendez appeler pieux, et sages, et gardiens de la justice et amis de la science, on verra si vous l'êtes vraiment. Ce n'est pas pour vous flatter, ni pour gagner vos bonnes grâces que nous avons écrit ce discours : nous venons vous demander de nous juger selon l'équité et après mûr examen (3)... »

La courageuse intervention de l'apologiste eut-elle quelque résultat pratique et amena-t-elle un ralentissement dans la persécution ? Oui, s'il fallait en croire Orose (4) ; Antonin aurait envoyé en Asie un rescrit, reproduit par Eusèbe, où on lit : « ... Plusieurs gouverneurs de provinces ayant écrit à mon père au sujet des chrétiens, il répondit qu'il ne fallait point les

(1) Verissimus, « *verissime* », était le surnom qu'Antonin le Pieux avait donné à Marc-Aurèle, petit-fils d'Antoninus Verus, en le choisissant pour héritier présomptif, et en lui conférant le titre de César.

(2) Il s'agit de Lucius Verus, gendre de Marc-Aurèle et adopté comme son beau-père par Antonin. Il fut associé à l'empire, à l'avènement de Marc-Aurèle, mais il ne se signala que par ses débauches et mourut prématurément.

(3) Ire *Apol.*, I, 1 à 4.

(4) Historien du Ve siècle, disciple de saint Augustin.

inquiéter, à moins qu'ils ne fussent convaincus d'avoir entrepris quelque chose contre l'Etat. Ayant été moi-même consulté sur le même sujet, j'ai répondu que si quelqu'un était accusé simplement d'être chrétien, on devait le renvoyer absous et faire subir à son accusateur la peine portée par les lois (1)... » Et de fait le texte de ce rescrit se trouve ajouté, comme en post-scriptum, à la suite de la première apologie, dans les deux plus anciens manuscrits que nous possédions des œuvres de saint Justin. Malheureusement l'authenticité de ce texte est universellement contestée.

Durant le calme relatif qui succéda à la persécution Justin quitta Rome pour aller en Asie. Après un séjour dont on ignore la durée, comme il attendait à Ephèse une occasion favorable de reprendre la mer pour rentrer en Italie, reconnu sans doute à son manteau de philosophe, il fut abordé par un juif fameux, nommé Tryphon, qui lui demanda un entretien. La discussion dura deux jours entiers. Saint Justin mit dans la suite cette conférence par écrit et la publia sous le titre de *Dialogue avec Tryphon* : c'est le plus considérable, sinon le plus important, de ses ouvrages.

De retour à Rome, il se trouva en butte aux attaques de certains philosophes cyniques, acharnés contre les chrétiens. L'un d'eux surtout, le plus violent et le plus perfide, nous est connu, c'est Crescens. « Ce misérable philosophe, rapporte Tatien, prétendait bien porter la barbe des philosophes, pourvu qu'elle lui rapportât de l'argent et des jouissances : c'est ainsi qu'il touchait une pension de six cents pièces d'or que lui faisait Marc-Aurèle ; le nid

(1) EUSÈBE, *Hist. eccles.*, liv. IV, cap. XIII.

luxueux qu'il s'était arrangé à Rome couvrit d'infâmes désordres ; il suppléait à la science qui lui manquait par l'intrigue où il était passé maître (1)... » Saint Justin en parle en des termes qui ne sont guère plus flatteurs.

« Moi aussi, dit-il, je m'attends à me voir poursuivi et attaché au bois du supplice par quelqu'un de ceux que j'ai nommés ou par Crescens, cet ami du bruit (2) et de la parade. Le nom de philosophe ne convient pas à un homme qui nous accuse en public, alors qu'il ne nous connaît pas, qui traite les chrétiens d'athées et d'impies pour plaire à une multitude égarée. S'il nous poursuit sans avoir lu les enseignements du Christ, c'est un infâme (3)... »

Sous la pression de ces terribles adversaires, Marc-Aurèle, qui venait de succéder à Antonin, laissa poursuivre et condamner les chrétiens selon les anciennes lois de l'empire. Les prisons se remplirent ; le sang coula de nouveau dans les amphithéâtres. Saint Justin trouva une fois encore dans l'énergie de sa foi le courage de s'opposer à cette nouvelle tempête. Il écrivit sa seconde Apologie et l'adressa aux deux empereurs et au peuple tout entier.

« Romains, dit-il, il s'est passé dernièrement dans notre ville des choses étranges, sous Urbicus, et partout nous voyons de semblables injustices commises par les magistrats. C'est ce qui m'a forcé à vous adresser ce discours, dans votre intérêt, car vous êtes des êtres de même nature que nous et nos frères,

(1) Tatien, *Orat. advers. Græc.*, cap. XVIII. *Patr. Gr.*, t. VI, col. 848.

(2) Il y a dans le texte grec, un jeu de mot, impossible à rendre en français, entre φιλοψόφος, ami du bruit et φιλόσοφος, ami de la sagesse.

(3, IIe *Apolog.*, III à III, 3.

quand même vous ne le sauriez pas et quand même vous ne le voudriez pas, à cause de la haute opinion que l'on a de vous (1)... »

L'apologiste demande à l'empereur d'assister à une discussion — on dirait aujourd'hui : une conférence contradictoire — entre Crescens et lui. « Je lui ai déjà proposé sur ce sujet des questions ; je l'ai interrogé : or j'ai pu me convaincre, je veux que vous le sachiez, qu'il n'en sait pas le premier mot. Pour prouver ce que j'avance, si vous n'avez pas eu connaissance de nos discussions, je suis prêt à l'interroger devant vous : ce serait digne de votre puissance souveraine (2)... »

C'était le langage de la raison et du bon sens. Soit distraction, soit mauvaise volonté, l'empereur ne l'écouta point. Crescens de son côté ne tenait pas du tout à paraître de nouveau en public dans une épreuve qui menaçait de ne pas tourner à son honneur ; il trouva plus simple et plus expéditif — du moins Tatien l'en accuse formellement (3) — de faire arrêter Justin avec quelques-uns de ses élèves.

Métaphraste, hagiographe du xe siècle, nous a conservé les actes du martyre de saint Justin et de ses compagnons. Cette relation est unanimement reconnue par les critiques comme authentique ; nous ne pouvons que reproduire ce récit, dans sa touchante simplicité :

« C'était le temps où de fanatiques adorateurs des

(1) IIe *Apolog.*, I, I. — Nous conservons l'opinion traditionnelle qui distingue les deux Apologies de saint Justin, écrites à deux époques différentes. Harnak croit pouvoir affirmer que Justin n'a écrit qu'une Apologie ; ce que nous appelons la seconde Apologie, beaucoup plus courte que la première, n'étant qu'une addition à l'œuvre principale, motivée par un fait particulier.

(2) IIe *Apolog.*, III, 4 et 5.

(3) TATIEN, *Orat. advers. Græc.* cap. XVIII. *Patr. Gr.*, t. VI, col. 848.

idoles obtinrent que les édits contre la religion chrétienne fussent promulgués dans chacune des villes et des provinces de l'empire pour forcer tous les fidèles à sacrifier aux dieux. Justin et ses compagnons furent amenés au tribunal de l'éparque, préfet de Rome, Rusticus : « Sois docile aux décrets des empereurs, lui dit le magistrat, et sacrifie aux dieux ! » Justin répondit : « J'obéis aux préceptes de Jésus-Christ, notre Sauveur, nul ne peut me contraindre à les violer ! — Quelle doctrine professes-tu donc, demanda Rusticus. — J'ai étudié successivement dans toutes les écoles de philosophie ; mais depuis, j'ai embrassé la doctrine des chrétiens ; c'est la seule vraie malgré qu'elle ait autant d'adversaires qu'il y a d'esclaves de l'erreur — Misérable, comment peux-tu te vanter de professer pareille doctrine ! — Oui, dit Justin, je me fais gloire de partager la foi des chrétiens et de conformer ma vie à la leur. — Quelle est donc cette foi, demanda le préfet. — Nous croyons qu'il n'y a qu'un seul Dieu, créateur de l'univers, essence spirituelle et invisible que notre œil mortel ne saurait contempler. Nous croyons que le Fils de Dieu, Jésus-Christ Notre-Seigneur s'est manifesté ainsi que l'avaient annoncé les prophètes ; il est le Sauveur du genre humain, le Maître de toute vérité ; pour moi qui ne suis qu'un homme, j'ai trop peu de lumières, pour pouvoir parler de sa divinité d'une manière qui soit digne d'elle ; il n'appartient qu'aux prophètes de pénétrer dans cet abîme de grandeur, et ce sont eux qui sous l'inspiration de Dieu, ont prédit l'avènement de Celui que je viens de nommer son Fils, et cela plusieurs siècles avant qu'il parût sur la terre.

« — Dis-moi, reprit le préfet, où les chrétiens se réunissent pour leurs assemblées ? — Partout où ils le peuvent, répondit Justin ; vous paraissez croire qu'ils n'ont qu'un seul et même lieu de réunion, c'est une erreur ; le Dieu des chrétiens est partout ; on ne saurait le circonscrire dans les limites d'un local quelconque ; quoique invisible il remplit l'immensité de la terre et des cieux ; ses fidèles l'adorent donc en tout lieu et chantent partout sa grandeur et sa gloire. » — Mais le préfet insista : « Je veux savoir où les chrétiens se rassemblent à Rome et où tu réunissais tes disciples. — Pour ce qui me regarde, j'habite la maison de Martinus, près des thermes de Timiotinum ; c'est la seconde fois que je viens en cette ville, et je n'y ai jamais eu d'autre demeure ; tous ceux qui ont voulu venir m'y trouver, ont reçu de moi communication de la doctrine seule véritable que je professe. — Ainsi tu persistes à te dire chrétien ? » — Et Justin répondit : « Oui, je suis chrétien... »

« Rusticus s'adressant de nouveau à Justin lui dit : « On vante ton savoir et ton éloquence ; écoute-moi donc : Crois-tu sérieusement qu'après avoir meurtri ton corps de coups de fouet, quand je t'aurai fait trancher la tête, tu monteras au ciel ? » Justin répondit : « Si tels sont les supplices que vous me réservez, j'espère obtenir la récompense accordée à tous ceux qui ont confessé la foi du Christ, car j'ai la certitude que la grâce divine les conserve dans les joies célestes, jusqu'à la résurrection qui suivra la fin du monde. — Ainsi reprit le préfet, tu t'imagines vraiment que tu vas monter au Ciel pour recevoir cette récompense ? — Je ne l'imagine pas, répondit Justin, j'en suis sûr, de la plus absolue certitude. — D'ailleurs, laissons tout cela et finissons ; venez tous et sacrifiez aux dieux ! — Qui donc, dit Justin, voudrait abandonner la foi et la religion véritables pour se précipiter dans l'erreur et l'impiété ? » Rusticus ajouta : « Si vous n'obéissez pas de bonne volonté, les tortures vous y contraindront ! — Les tortures, s'écria Justin, nous ambitionnons la gloire de les souffrir, pour le nom de Jésus-Christ Notre Seigneur ; ce sera notre bonheur immortel devant le tribunal redoutable de ce juge suprême, quand le monde entier comparaîtra devant lui. » Les six autres martyrs firent entendre la même réponse : « Nous ne sacrifierons jamais à vos dieux ! » Rusticus rendit alors la sentence : « Pour n'avoir pas voulu sacrifier aux dieux ni obéir aux édits de l'empereur, ces rebelles sont condamnés selon les termes de la loi à subir d'abord la peine de la flagellation, et à être ensuite décapités. »

« Les saints martyrs furent conduits au lieu ordinaire des exécutions. Chemin faisant, ils chantaient les louanges du Seigneur. Après qu'on les eut flagellés, la hache du licteur leur trancha la tête ; c'est ainsi qu'ils consommèrent leur martyre. La nuit suivante, les fidèles enlevèrent leurs corps et les déposèrent dans une sépulture convenable. Gloire à Jésus-Christ, Notre Seigneur, dans les siècles des siècles. Amen (1). »

Ainsi mourut à Rome, vers l'an 165, celui que l'on appelle dans le martyrologe : Saint Justin, le Philosophe, ajoutant au témoignage de sa parole, le témoignage suprême de son sang.

Si sa physionomie reste encore un peu indécise par suite du trop petit nombre de documents certains que nous possédions sur sa vie, elle se précisera peu à peu dans la suite, nous l'espérons, par l'étude de ses ouvrages et le simple exposé de sa doctrine.

(1) RUINART, *Act. martyr. sincer.*, pag. 43 ; *Patrol. Gr.*, t. VI, col. 1566-1572. L'église latine celèbre la fête de saint Justin le 13 avril. (Martyrol. rom. 13 aprilis ; Bolland., eod. die.) Les ménologes grecs la placent au 1er juin.

DEUXIÈME PARTIE

Doctrine de saint Justin.

Il ne faudrait pas considérer les écrits de saint Justin comme des traités de théologie, au sens où nous entendons aujourd'hui ce mot ; ce sont des ouvrages de circonstance, composés par un philosophe plutôt que par un théologien. On ne s'étonnera donc pas que des lettrés comme M. Croiset puissent reprocher à l'apologiste l'incorrection et la monotonie du style aussi bien que le manque de suite dans les idées : « ... D'un bout à l'autre, l'auteur poursuit, à côté de son sujet principal, un parallèle entre le paganisme et le christianisme, qui l'amène à parler longuement des dieux du polythéisme, du rôle des démons dans leur religion, des mœurs païennes, de la philosophie grecque. Tout cela forme un écheveau singulièrement embrouillé, dont il est à peu près impossible de délier tous les fils (1). »

Mais si à les considérer au seul point de vue littéraire, les deux *Apologies* de saint Justin et son *Dialogue avec Tryphon* n'ont pas grande valeur, ils sont par contre de la plus haute importance au point de vue dogmatique. Il faut sans doute, pour s'en rendre compte, débrouiller un peu l'écheveau dont parle

(1) A. et M. CROISET, *Histoire de la littérature grecque*, t. V, p. 735.

M. Croiset, travail qui n'est pas encore si laborieux qu'il veut bien le dire, et grouper autour de quelques idées générales des développements qui sont souvent épars dans les ouvrages de l'apologiste.

C'est donc par une distinction un peu arbitraire qu'on a l'habitude de séparer dans l'œuvre de saint Justin l'enseignement apologétique proprement dit de l'enseignement spécialement théologique et dogmatique. Cette distinction a pourtant l'avantage de ménager plus de clarté dans l'exposition ; elle permet aussi d'être plus complet et moins imprécis en juxtaposant des textes disséminés qui s'éclairent ou se justifient les uns par les autres.

CHAPITRE PREMIER

L'apologétique de saint Justin.

C'est en quelque sorte par la force même des choses que les écrivains chrétiens du second siècle ont été des apologistes.

La religion de Jésus-Christ, vieille d'un siècle seulement, se trouvait en face du polythéisme romain, religion nationale et exclusive ; un conflit devait presque fatalement se produire ; il fut sanglant, si terrible et si prolongé, que le christianisme aurait dû périr, s'il n'avait eu pour lui des promesses d'immortalité. Il était impossible dans ces conditions que quelques voix ne s'élevassent pas dans les rangs des persécutés pour protester au nom de la justice, de l'humanité et du simple bon sens ; si elles furent un moment étouffées par la force brutale, les paroles éloquentes qu'elles ont proférées demeureront dans l'histoire pour flétrir la haine féroce et stupide des premiers ennemis de l'Église.

Quel que fût cependant l'antagonisme qui existait entre le polythéisme romain et la religion chrétienne, les persécutions n'auraient pas, semble-t-il, atteint ce degré de violence et de cruauté, si l'état des esprits chez les païens n'eût été — pourquoi et comment, on n'en sait trop rien — excité contre les chrétiens à un point dont nous pouvons difficilement nous faire une idée. Il faut lire pour s'en rendre compte les premiers chapitres de l'Octavius de Minucius Félix. Bien que postérieur d'un demi-siècle aux Apologies, cet ouvrage reflète une situation certainement plus ancienne, puisque Tacite et Suétone, bien avant saint Justin, avaient reproduit sans hésitation les mêmes calomnies. La plume hésite d'elle-même à transcrire de pareilles abominations :

« Chez eux, dit en parlant des chrétiens le païen Cécilius, la passion se mêle pour ainsi dire à la religion ; ils s'appellent indistinctement frères et sœurs, pour que sans doute, grâce à ce nom sacré, le viol qui n'est pas rare parmi eux devienne un inceste... J'entends dire que par suite de je ne sais quelle inepte persuasion, ils adorent une tête d'âne (1) : en effet ce culte est tout à fait convenable et bien fait pour de telles mœurs. D'autres disent qu'ils rendent un hommage immoral au corps de leurs chefs et de leurs prêtres... je ne sais si le soupçon est justifié, mais il

(1) La légende de l'adoration de l'âne trouve une curieuse illustration dans le graffito satirique découvert en 1857 au Palatin, sur le mur du pædagogium ; il représente un âne en croix avec l'inscription : Αλεξαμενος σεβετε θεον.

s'applique bien à leurs cérémonies secrètes et nocturnes... D'autre part, le récit qu'on fait de leurs initiations est aussi abominable que certain. On apporte à celui qui va être initié, pour endormir sa défiance, un enfant couvert de farine ; trompé par l'apparence, le novice le frappe de coups qu'il croit inoffensifs et l'enfant succombe sous ces blessures portées à l'aveugle. Aussitôt les autres, ô infamie, lèchent son sang avec avidité et se partagent à l'envi ses membres. Voilà la victime qui scelle leur alliance ; voilà le crime dont la complicité les engage à un mutuel silence. Ces sacrifices ne sont-ils pas plus abominables que tous les sacrilèges ? On sait aussi ce qui se passe dans leurs festins : tout le monde en parle un peu partout et notre Fronton de Cirta l'atteste dans son discours. A jour fixe, ils se rendent au banquet avec leurs enfants, leurs mères et leurs sœurs, en sorte qu'il y a là des personnes de tout sexe et de tout âge. Après un long repas, quand les esprits sont échauffés et que l'ivresse allume en eux les feux de la débauche, on jette un morceau de viande devant le chien qui est attaché au candélabre, mais de manière à le faire sauter au delà de la longueur de sa chaîne. Le flambeau se renverse et par là s'éteint la lumière qui les aurait gênés comme un témoin ; alors au milieu des ténèbres qui étouffent la pudeur, ils se livrent au hasard à d'abominables débauches (1)... »

Il faut remarquer que Cécilius est un païen lettré, homme de bonne société ; Fronton de Cirta, dont il parle, était un rhéteur célèbre, précepteur de Marc-Aurèle ; les accusations qu'il porte contre les chrétiens ne trouvaient donc pas seulement créance auprès de la

(1) MINUCIUS FELIX, *Octavius*, 5, 14.

plèbe et du vulgaire ; les gens instruits eux-mêmes ne craignaient pas de s'en faire l'écho. Tacite partage l'opinion commune :

« Pour faire taire la rumeur (qui lui imputait l'incendie de Rome), Néron produisit des accusés et soumit aux supplices les plus raffinés ces hommes odieux à cause de leurs crimes que le vulgaire appelait chrétiens... On ajouta les moqueries aux tourments,... aussi, bien que ces hommes fussent coupables et dignes des derniers supplices, on en avait pitié parce qu'ils étaient sacrifiés non à l'utilité publique, mais à la cruauté d'un seul (1)... »

Suétone, dans sa vie de Néron, dit négligemment : « ... il infligea des supplices aux chrétiens, race d'hommes d'une superstition nouvelle et malfaisante (2)... »

C'est contre ces monstrueuses calomnies que les apologistes vont surtout protester avec énergie. Chez quelques-uns même, Athénagore entre autres et plus tard Tertullien, la réfutation de ces mensonges formera presque uniquement, avec la condamnation du paganisme, le fond de leur argumentation.

Saint Justin ne s'étend pas aussi longuement. Dès le début de sa requête à Antonin, il réclame justice :

« Nous venons vous demander de nous juger selon l'équité et après mûr examen. N'allez pas, obéissant à des préjugés, au désir de plaire à la superstition, à de perfides rumeurs que le temps a fortifiées, vous condamner vous-mêmes. Car pour nous, nous savons que personne ne peut nous faire de mal, si nous ne sommes convaincus du crime, si nous ne sommes

(1) Tacite, *Annales*, xv, 44.
(2) Suétone, *Vita Neronis*, 16.

reconnus coupables. Vous pouvez nous tuer; nous nuire, non (1). »

Pour qu'on ne croie pas que ce sont là des paroles sans portée, et une bravade, Justin demande qu'on examine sérieusement et selon les formes de la justice, les accusations portées contre les chrétiens. Si elles sont reconnues fondées, qu'on les punisse comme il est juste; mais si l'on n'a rien à leur reprocher, que leur titre de chrétiens, est-ce qu'il convient, sur des bruits calomnieux et sans fondement, de condamner des innocents, ou plus exactement « de se condamner soi-même en se laissant guider dans la décision des affaires non par la justice, mais par la passion (2)? »

Ces injurieuses accusations paraissent d'autant plus audacieuses de la part des païens qu'on se souvient du peu de souci de la vie humaine qu'ils avaient pour tout ce qui n'était pas citoyen romain, et des vices honteux qu'ils étalaient presque publiquement. Il était facile de les rappeler en quelque sorte au sentiment de la pudeur; les apologistes n'y ont pas manqué. Athénagore a trouvé le mot de la situation en leur citant leur proverbe: « C'est la courtisane qui fait des reproches à la femme honnête! » Saint Justin ne craint pas d'entrer dans des détails qui risqueraient d'offenser aujourd'hui des oreilles chastes:

« Quant à nous, dit-il, bien loin de commettre l'injustice ou l'impiété, nous regardons comme un crime d'exposer les enfants, d'abord parce que c'est les vouer presque tous à la prostitution, non seulement les jeunes filles, mais les jeunes garçons. De même qu'autrefois on élevait des troupeaux de bœufs et de chèvres,

(1) Ire *Apolog.*, II, 3 et 4.
(2) *Id.*, III, 3.

de moutons et de chevaux, ainsi aujourd'hui on élève des enfants, uniquement en vue de la débauche. Chez toutes les nations on trouve une quantité de femmes, d'êtres d'un sexe douteux, de créatures infâmes, livrée à ce commerce, et vous percevez sur ce trafic des droits, des tributs et des impôts au lieu de l'extirper de votre empire. Et parmi ceux qui abusent de ces malheureux, outre que ces plaisirs sont impies, sacrilèges et impurs, peut-être s'en trouvent-ils qui abusent d'un enfant, d'un parent, d'un frère... Voilà les horreurs que vous commettez ouvertement, dont vous vous faites honneur, et que vous nous accusez de commettre, les lumières éteintes, plongés dans l'obscurité. Ces accusations ne nous atteignent pas, puisque nous sommes innocents de ces crimes; elles retombent plutôt sur les auteurs de ces infamies et de ces calomnies (1). »

D'ailleurs, si les chrétiens se livraient aux crimes dont on les accuse, est-ce qu'on les verrait courir au-devant de la mort et supporter les plus cruels tourments plutôt que de commettre des actions que leur conscience réprouve. N'y a-t-il pas là contradiction évidente? Et puis pourquoi ne pas s'autoriser des mœurs païennes pour justifier leur conduite; pourquoi ne pas dire qu'ils imitent Zeus et les autres dieux en se livrant sans retenue à des crimes contre nature et à l'adultère (2)? Mais non, ils cherchent au contraire à inspirer l'horreur de ces choses; ils apprennent à fuir ceux qui les pratiquent, et c'est pour cela qu'on les poursuit de tous les côtés. Seuls dans tout l'empire, ils sont haïs, persécutés et mis à mort, non à cause de

(1) Ire *Apolog.*, XXVII.
(2) IIe *Apolog.*, XII, 5.

crimes dont on n'a aucune preuve, mais pour le seul nom du Christ.

« Partout, on peut adorer des arbres, des fleuves, des rats, des crocodiles, des animaux de toute espèce, et ce ne sont pas les mêmes qui sont adorés par tous... En second lieu, seuls de tous les hommes, nous qui adorions autrefois Dionysios, fils de Sémélé et Apollon, fils de Latone, dont il serait honteux même de dire les passions contre nature, Perséphone et Aphrodite, dont vous célébrez dans vos mystères l'amour pour Adonis, Asclépios et tous ces prétendus dieux, nous avons, au péril de notre vie, renoncé à ce culte pour Jésus-Christ ; nous nous sommes consacrés au Dieu non engendré et impassible. Lui, du moins, jamais il ne se serait excité à séduire Antiope ou d'autres femmes, ou à abuser de Ganymède ; jamais il n'a eu besoin de l'intervention de Thétis pour être délivré par le géant aux cent bras ; jamais, en retour de ce service, il ne songea à sacrifier des millions de Grecs à Achille, fils de Thétis, furieux de l'enlèvement de sa concubine, Briséis. Nous plaignons ceux qui croient à de pareilles fables, et nous reconnaissons là l'œuvre des démons (1). »

Saint Justin revient à plusieurs reprises sur cette action des démons dans le monde ; ce sont eux qui ont semé parmi les hommes le meurtre, la guerre, l'adultère, l'intempérance, toutes les passions et tous les maux (2) ; ils excitent les païens contre les disciples du Christ et sont cause des persécutions qu'ils ont à subir, sans qu'on puisse leur reprocher d'autre grief que celui d'être chrétiens.

(1) Ire *Apolog.*, XXIV et XXV.
(2) IIe *Apolog.*, V, 4.

Durant tout le second siècle, en effet, le fameux rescrit de Trajan servit de base à la jurisprudence des tribunaux ; il défendait de rechercher les chrétiens, mais s'ils étaient dénoncés, il fallait les faire comparaître, les absoudre dans le cas d'abjuration et les condamner s'ils persistaient dans leur foi. On conçoit que cet appel à la délation dût être entendu ; la persécution emprunte à ce fait un caractère plus révoltant encore, et comme un cachet de trahison. Voilà pourquoi saint Justin nous dit qu'il s'attend d'un jour à l'autre à être dénoncé, soit par Crescens, soit par quelque autre. Malgré cette menace, il ne s'élève pas moins avec force contre l'ostracisme dont les chrétiens sont victimes :

« Nous vous demandons, dit-il aux empereurs, qu'on examine leur conduite et que celui qui sera convaincu soit condamné comme coupable, mais non pas comme chrétien. Remarquez que c'est dans votre intérêt que nous parlons ainsi ; car nous pourrions nier quand nous sommes interrogés ; mais nous ne voulons pas acheter la vie au prix d'un mensonge ; nous préférons la vie éternelle et incorruptible (1)... »

Vous nous condamnez parce que chrétiens ; notre nom seul est tout notre crime, et pourtant :

« Un nom n'est ni bon ni mauvais, dit-il ; ce sont les actions qui s'y rattachent qu'il faut juger. A ne considérer que ce nom qui nous accuse, nous sommes les plus vertueux des hommes (2). Nous ne pensons pas qu'il soit juste de prétendre être absous sur notre

(1) Ire *Apolog.*, VII, 4 à VIII, 3.

(2) Ici, et quelques lignes plus loin, saint Justin fait sur le mot « chrétiens » une sorte de jeu de mots qui ne se comprend facilement qu'en grec : χριστιανοί et χρηστότατοι.

nom seul, si nous sommes convaincus de crime : mais aussi, s'il est prouvé que notre genre de vie n'est pas plus coupable que notre nom, votre devoir est de faire tous vos efforts pour ne pas être répréhensibles en justice en punissant injustement des innocents (1)... »

Cette intolérance dont on fait preuve à l'égard des chrétiens est d'autant plus inconcevable qu'elle est exclusive ; les cultes païens les plus étranges et les plus immoraux ont droit de cité dans Rome et dans l'empire. Les dieux les plus divers fraternisent au Panthéon ; les hérétiques eux-mêmes peuvent se couvrir de la protection des lois, témoin Simon le Magicien que quelques-uns adorent comme un dieu ; seuls, les disciples de Jésus-Christ n'ont point de part à cette liberté universelle. Et pourtant nul n'aurait le droit de mettre en doute leur loyalisme civique. En a-t-on jamais vu parmi ceux qui trament des complots contre le trône et la vie des empereurs ? Ils sont les premiers à payer les tributs et les impôts suivant le précepte du Seigneur : « Rendez à César ce qui est à César ». Bien plus, ils prient pour ceux qui les persécutent et qui les tuent, à l'exemple de leur Maître, injustement mis à mort sur une croix. Que ne prend-on la peine d'examiner leur conduite au lieu d'admettre sans scrupule et de colporter partout des calomnies stupides et des accusations que rien n'est jamais venu justifier. Le contact des chrétiens ne peut être que profitable à ceux qui s'en approchent ; le spectacle de leurs vertus qui a converti à leur doctrine tant d'âmes sincères ne peut qu'impressionner favorablement ceux qui recherchent avant tout la justice et la vérité.

(1) Ire *Apolog.*, IV, 1, à IV, 7.

Est-ce que le changement radical et définitif survenu dans leur conduite n'est pas à la louange de la doctrine qui le leur a inspiré ? Autrefois, fait avec raison remarquer saint Justin, les chrétiens se livraient à la débauche, à la magie, à tous les vices auxquels les païens s'adonnent couramment ; aujourd'hui la chasteté fait leurs délices. Ils recherchaient autrefois à s'enrichir à tout prix, et n'estimaient rien tant que l'argent et les biens de la terre ; aujourd'hui ils mettent en commun tout ce qu'ils ont et le partagent avec les pauvres. Ils étaient divisés autrefois par des haines, des rivalités et des meurtres ; aujourd'hui ils sont unis et vivent entre eux comme des frères ; ils reçoivent l'étranger à leur foyer ; ils prient pour leurs ennemis et cherchent à gagner à eux leurs persécuteurs eux-mêmes (1). C'est là un spectacle que devraient considérer avec plus d'attention ceux qui les accusent si facilement de leurs propres vices.

L'apologiste cite ensuite textuellement de nombreux passages évangéliques, presque tous empruntés à saint Matthieu, où Notre-Seigneur recommande à ses disciples la chasteté, le pardon des injures, l'amour de la pauvreté, l'humilité, la douceur, la charité fraternelle.

Ces vertus constamment pratiquées ne plaident-elles pas la cause des chrétiens mieux que tous les discours ? et ne sont-elles pas une preuve de la sublimité de la doctrine qui les leur inspire ? Car les adversaires de saint Justin, Crescens et les autres, ne se contentaient pas d'imputer aux disciples du Christ toutes sortes de crimes imaginaires, ils cherchaient encore — et peut-être surtout — à ridiculiser leur foi et leurs croyances,

(1) Cf. Ire *Apolog.*, XIV, 2, 3, 4, etc.

sans d'ailleurs prendre la peine de les étudier sérieusement. Le dogme de la résurrection des morts excitait surtout leur verve et leurs plaisanteries. Pour leur répondre, Justin expose simplement la doctrine chrétienne sur Dieu, unité et trinité, sur le Verbe incarné et rédempteur, sur les sanctions de l'autre monde après la mort. Suivant en cela l'exemple de saint Paul parlant aux Athéniens, il rappelle aux païens le souvenir des sages et des philosophes de l'ancien temps, arrivés par les seules forces de la raison à la connaissance du vrai Dieu.

Socrate qui condamnait le culte des idoles au nom de la raison et de la vérité, essaya bien d'éclairer les hommes et de les détourner de l'idolâtrie, « mais les démons, par l'organe des méchants, le firent condamner comme athée et impie, sous prétexte qu'il introduisait des divinités nouvelles ». Ces mêmes démons en usent de même avec les chrétiens, car ce n'est pas seulement chez les Grecs et par la bouche de Socrate que le Verbe a fait entendre ainsi la vérité, mais « les barbares aussi ont été éclairés par le même Verbe, revêtu d'une forme sensible, devenu homme et appelé Jésus-Christ (1) »...

Nul n'a plus que saint Justin de respect et d'admiration pour les vrais philosophes ; il est heureux de porter leur costume et de se ranger parmi eux ; « la philosophie, dit-il, est en réalité le plus grand bien et le plus précieux devant Dieu à qui elle nous conduit et seule nous recommande... » (2) ; mais il est obligé de reconnaître que les sages de la Grèce ont dû à une intervention divine leur reconnaissance partielle de la vérité :

(1) Ire *Apolog.*, V, 4 et 5.
(2) *Dial. avec Tryph.*, I et II.

Tous les principes justes que les philosophes et les législateurs ont découverts et exprimés, ils les doivent à ce qu'ils ont trouvé et contemplé partiellement du Verbe. C'est pour n'avoir pas connu tout le Verbe, qui est le Christ, qu'ils se sont souvent contredits eux-mêmes. Telle est la pensée de saint Justin sur la part de vérité contenue dans la philosophie des anciens. « Ceux qui vécurent avant le Christ, ajoute-t-il, et qui cherchèrent, à la lumière de la raison humaine, à connaître les choses et à s'en rendre compte, furent mis en prison comme impies et indiscrets. Socrate, qui s'y appliqua avec plus d'ardeur que personne, vit porter contre lui les mêmes accusations que nous. On disait qu'il introduisait des divinités nouvelles et qu'il ne croyait pas aux dieux admis dans la cité (1)... »

Nous reviendrons un peu plus loin sur la doctrine du Verbe dans saint Justin, sans entrer dans tous les développements que le sujet, fertile en discussions, pourrait comporter.

L'apologiste ne se contente pas d'ailleurs de cette explication d'ordre général pour rendre compte des quelques vérités religieuses contenues dans les ouvrages des anciens philosophes ; pour lui, ce sont des emprunts à la Bible. Tout ce que les poètes et les sages ont pu dire de raisonnable sur l'immortalité de l'âme, les châtiments et sanctions qui suivent la mort, la connaissance des choses célestes et autres doctrines semblables, c'est chez les prophètes qu'ils en ont pris les principes. Chez presque tous on trouve des « semences de vérités », mêlées souvent à beaucoup d'erreurs et de contradictions : c'est qu'ils ne comprenaient pas toujours parfaitement eux-mêmes les doc-

(1) IIe *Apolog.*, X.

trines qu'ils reproduisaient en les empruntant à d'autres. Saint Justin ne se met d'ailleurs point en peine de concilier ces deux explications quelque peu contradictoires en apparence ; la première, qui lui est plus personnelle, lui est dictée par son esprit philosophique ; dans la seconde, il fait sienne une opinion lancée depuis longtemps déjà par l'école juive d'Alexandrie.

Nous n'avons pas à le défendre de s'être laissé induire en erreur sur ce point, en admettant sans conteste un système qui ne repose sur aucun fondement historique sérieux. Nous le considérons, en effet, en ce moment, non comme organe de la foi ou de la tradition catholique, mais, ce qui est différent, comme défendant la cause du christianisme avec les armes de l'éloquence, de la philosophie et de l'érudition ; on ne s'étonnera point dès lors qu'il ait montré dans ces matières les qualités aussi bien que les défauts de son esprit, l'étendue en même temps que les lacunes de son savoir.

Après avoir défendu les chrétiens des griefs dont on les accuse et expliqué à sa manière certaines analogies entre la doctrine chrétienne et la philosophie platonicienne, saint Justin expose aux païens ce que l'on appelle aujourd'hui « les raisons de croire ».

Le principal argument qu'il développe, celui qui semble l'avoir frappé davantage et sur lequel il revient avec insistance, c'est la valeur prophétique des écrits de l'Ancien Testament.

Huit cents ans, mille, deux mille ans et plus avant leur accomplissement, les principales circonstances de la vie, de la mort, de la résurrection et de l'ascension du Sauveur avaient été annoncées par les prophètes. L'apologiste énumère alors (1), les unes après les autres, pas toujours avec beaucoup d'ordre, les diverses prophéties relatives à la naissance virginale du Messie à Bethléem (Isaïe, VII, 14 ; Michée, V, 2), à sa vie cachée (Isaïe, IX, 6), aux miracles de sa vie publique (Isaïe, XXXV, 5, 6), à son entrée triomphale à Jérusalem (Genèse, XLIX, 11 ; Zacharie, IX, 9), aux souffrances de sa passion (Isaïe, LIII ; LXV, 2 ; Psaume XXI), à sa mort sur la croix (Isaïe, IX, 6 ; Psaume XXI), à sa résurrection et son ascension au Ciel jusqu'au second avènement, à la malédiction qui pèsera sur les Juifs coupables, à l'extension de son règne parmi les Gentils (Isaïe, II, 34). Jésus, le Dieu qu'adorent les chrétiens, a réalisé dans sa personue toutes ces prédictions ; s'il s'est dit le Fils de Dieu, c'est qu'il l'était donc bien en réalité.

« Nous pourrions citer beaucoup d'autres prophéties, ajoute saint Justin pour clore son argumentation ; mais nous nous arrêterons ici, persuadé que celles que nous avons alléguées suffisent à convaincre ceux qui ont des oreilles pour entendre et comprendre... Tous ces témoignages peuvent certainement produire une foi et une conviction raisonnable chez ceux qui aiment la vérité, et qui ne sont pas esclaves de l'opinion ou de leurs passions (2). »

Dans le *Dialogue avec Tryphon,* saint Justin s'adressant à des Juifs entre dans des détails plus précis encore et plus circonstanciés. Le rabbinisme, dont Tryphon est un des représentants au IIe siècle, cherchait à éluder l'argument tiré de l'accomplissement des prophéties messianiques ; il défendait à ses adhé-

(1) Ire *Apolog.*, XXX ; XXXII ; XXXV, 2 à 11 ; XXXVIII, 2, 4 et 5 ; XLVIII ; L, 2 à 12 ; LI ; LII ; etc.

(2) Ire *Apolog.*, LIII, 1 à 4, 12.

rents de supputer l'époque de la venue du Messie ; quelques-uns même prétendaient que cette époque était passée depuis plusieurs siècles, n'hésitant pas pour soutenir leur opinion à fausser les textes et à les détourner de leur véritable sens. Saint Justin s'applique à leur montrer que Jésus est bien le Messie promis et attendu (1), qu'Il a accompli toutes les prophéties et qu'Il est le Fils de Dieu. L'apologiste ne se flatte pas de convertir les Juifs, car il sait que la plupart ferment volontairement les yeux à la lumière ; du moins il veut avoir le mérite de les convaincre d'ignorance et de mauvaise foi.

L'apologétique moderne, qui peut-être ne donne pas à l'argument prophétique toute l'importance qu'il devrait avoir, ne suivrait sans doute pas saint Justin dans toutes ses conclusions ; et il faut avouer que son exégèse, trop universellement symboliste, est ordinairement plus subtile que démonstrative ; mais en tenant compte du milieu où il vivait et des habitudes exégétiques de son temps, on doit lui savoir gré d'avoir mis en lumière cet argument des prophéties, un peu délaissé de nos jours, et de l'avoir développé dans toute son étendue.

Les miracles que le Christ a accomplis durant sa vie, au vu et au su de tous ses contemporains, avaient été eux aussi prédits autrefois par Isaïe et les prophètes (2) ; ne sont-ils pas une preuve de sa divinité ? Et sa puissance divine n'apparaît-elle pas encore clairement dans les œuvres étonnantes de ses premiers apôtres et dans la diffusion merveilleuse de sa doctrine

(1) *Dial. avec Tryph.*, XIII, 2 à 9 ; XIV, 2 à 8 ; XV ; à XXXII XXXVIII, LXXXVIII à CIV, *passim*.

(2) *Dial. avec Tryph.*, LXIX, 6 ; Ire *Apolog.*, XLVIII, 1 à 4 ; XXII, 5 ; XXX ; XXXI, 7.

à travers le monde malgré les passions des hommes et la cruauté des persécuteurs ? Les démons eux-mêmes redoutent la puissance de son nom et se soumettent à ses exorcismes (1). Sa doctrine est à la fois si simple et si sublime que « même si Jésus n'était rien de plus qu'un homme ordinaire, il mériterait par sa sagesse d'être appelé Fils de Dieu... (2) ; mais il est Dieu en réalité : car ce n'est pas pour un homme, si cher et si saint soit-il, que les chrétiens renonceraient par milliers aux plaisirs des sens, au risque de leur vie. « Voilà pourquoi, ajoute saint Justin, nous sommes fermes dans cette foi et cette doctrine ; car notre confiance repose et sur les prophéties et sur ceux que nous voyons dans tout l'univers convertis au nom de ce crucifié (3)... »

L'apologétique de saint Justin, considérée dans son ensemble, est une argumentation toute de logique et de bon sens. Pour prouver la divinité du christianisme, il fait valoir les arguments qui sont restés la base de la démonstration chrétienne : l'accomplissement des prophéties de l'Ancien Testament, les miracles du Sauveur qui se renouvellent dans l'Église, la rapide propagation de la foi malgré les nombreux obstacles qui auraient dû l'entraver, le changement de vie opéré dans les fidèles par la doctrine évangélique, l'héroïque constance des martyrs au milieu des supplices, l'excellence et la supériorité du dogme, de la morale et du culte catholiques. En philosophe libéral qu'il est, saint Justin apprécie avec indulgence et largeur d'esprit la philosophie grecque ; il sait rendre justice à Socrate et à Platon sans dissimuler le vide et les insuffisances de leurs systèmes. Il revendique enfin avec insistance les

(1) *Dial. avec Tryph.*, XXX, 3 ; LXXVI ; LXXXV ; CXXI ; IIe *Apolog.*, VI, 6.
(2) Ie *Apolog.*, XIV, 2 ; XXII, 1.
(3) *Dial. avec Tryph.*, LIII, 6 ; Cf. etiam Ire *Apolog.*, XII et XLII.

droits imprescriptibles de la conscience et de la vérité en face d'une légalité arbitraire et de la plus inique des procédures. S'il n'a pas créé ce genre de discours, puisqu'il n'est pas chronologiquement le premier des apologistes, du moins il lui a donné dans ses deux apologies la forme qu'on devait conserver dans la suite; il a frayé la voie que d'autres devaient suivre après lui, sans le dépasser par le talent ; il mérite enfin, à ce titre, d'être considéré, avec saint Irénée, comme le plus illustre représentant de la littérature et de l'éloquence chrétiennes au IIe siècle.

CHAPITRE II

La théologie de saint Justin.

Pour présenter la défense des chrétiens injustement accusés et poursuivis, saint Justin ne devait pas se contenter de réfuter les calomnies répandues à leur sujet. Il n'est pas seulement apologiste au sens un peu restreint où l'on entend quelquefois ce mot ; il est aussi apôtre. S'il ne se flatte pas d'amener à la foi chrétienne des gens malintentionnés ou manifestement hostiles comme Crescens et son entourage, du moins il ne désespère pas d'atteindre quelques âmes de bonne volonté ; c'est pour ces âmes, complètement ignorantes des plus élémentaires notions de la religion, qu'il expose dans ses ouvrages, surtout dans ses apologies, la doctrine chrétienne sur Dieu, le Verbe incarné, la question juive, la vie chrétienne, la vie future. Nous essaierons de déterminer les caractères principaux de son enseignement sur ces différents points.

§ I. — *Dieu. Unité et Trinité.*

Un des principaux griefs articulés contre les chrétiens, et qui nous paraît aujourd'hui bien étrange, était celui d'athéisme ; rien n'est pourtant plus exact. « Adore les dieux, ou meurs ! » telle était la sentence des juges. L'accusé, en choisissant de lui-même la mort, indiquait par là qu'il ne croyait pas aux dieux de l'empire au nombre desquels il fallait compter César lui-même ; il commettait ainsi un crime de lèse-majestés divine et impériale que la mort seule pouvait expier.

Ce n'était pas, en effet, chose facile que de faire admettre à des païens l'idée d'un Dieu unique, souverain du ciel et de la terre, surtout d'un Dieu parfait, Juge infaillible des actions humaines ; le polythéisme était si peu gênant à ce dernier point de vue ! Saint Justin, qui identifie volontiers tous les dieux de la Grèce et de Rome avec les démons (1), se flatte d'être l'athée de toutes ces prétendues divinités, en compagnie de Socrate et de quelques autres philosophes, mais il affirme aussitôt sa foi inébranlable en un Dieu souverainement parfait : « ... nous croyons, dit-il, au Dieu très vrai, père de la justice, de la sagesse et des autres vertus, en qui ne se mélange rien de mal (2) ! »

Dans plusieurs autres endroits de ses deux Apologies, saint Justin revient sur cette notion de la divinité. On ne saurait donner un nom au Père de toutes choses,

(1) Ire *Apolog.*, v, 2.
(2) *Id.*, vi, 1.

parce qu'il est inengendré ; les mots : Père, Dieu, Créateur, Seigneur et Maître ne sont pas des noms, mais des appellations motivées par ses bienfaits et ses œuvres (1). C'est lui qui dès l'origine a fait sortir l'univers de la matière informe. Bien qu'il n'ait pas besoin des dons matériels des hommes, puisqu'il leur dispense lui-même tous les biens qu'ils possèdent, cependant il agrée ceux qui tâchent d'imiter ses perfections, sa sagesse, sa justice, son amour des hommes et tous ses autres attributs. Ceux qui se seront montrés par leurs œuvres dignes de ses desseins, seront admis à vivre et à régner avec lui, incorruptibles et impassibles (2). La vraie manière de l'honorer, ce n'est pas de consumer inutilement par le feu les choses qu'il a faites pour notre subsistance, mais d'en user pour nous et d'en faire part aux pauvres ; c'est encore de lui offrir nos hommages et nos hymnes de reconnaissance pour la vie qu'il nous a donnée, le soin qu'il prend de nous conserver en santé et tous les biens qu'il nous prodigue.

Mais Dieu, sans rien perdre de son unité essentielle, s'est révélé aux hommes en trois personnes ou réalités distinctes.

Il serait long et fastidieux de reproduire ici tous les textes où saint Justin parle isolément du Père, du Verbe et de l'Esprit prophétique ; ils sont extrêmement nombreux. Nous nous contenterons de citer les deux passages, devenus classiques, ou l'apologiste réunit les trois personnes divines en une formule ternaire.

Répondant au reproche d'athéisme, saint Justin

(1) IIe *Apolog.*, VI, 2 et Ire *Apolog.*, XLI, 2.

(2) Ire *Apolog.*, X, 2 ; cf. etiam XIII, 2. Voir le § V, consacré à la vie future, page 58.

déclare : « Nous croyons au Dieu très vrai, Père de la justice... Avec lui, nous vénérons, nous adorons, nous honorons en esprit et en vérité le fils venu d'auprès de lui, qui nous a donné ces enseignements, et l'armée de tous les bons anges qui l'escortent et lui ressemblent, et l'esprit prophétique. Voilà la doctrine que nous avons apprise et que nous transmettons libéralement à quiconque veut s'instruire (1) ! »

Ce premier texte, à dire vrai, n'est peut-être pas absolument exempt de toute équivoque, et l'on ne voit pas bien pourquoi l'auteur intercale l'armée des bons anges entre le Fils et l'Esprit-Saint. Le second texte est plus formel :

« Nous adorons le Créateur de cet univers... nous adorons justement celui qui nous a enseigné ces choses et qui a été engendré pour cela, Jésus-Christ qui fut crucifié sous Ponce-Pilate, gouverneur de Judée, au temps de Tibère César... et en troisième lieu l'Esprit prophétique (2). » Plusieurs auteurs considèrent avec quelque vraisemblance ce passage comme une formule empruntée à l'un des anciens symboles de foi.

Enfin exposant, à la fin de sa première apologie, le rite de l'initiation, saint Justin dit en parlant des nouveaux baptisés : « Au nom de Dieu, le Père et le Maître de toutes choses, et de Jésus-Christ, notre Sauveur, et du Saint-Esprit, ils sont alors lavés dans l'eau (3)... »

Ces deux derniers textes attestent suffisamment la foi de l'apologiste au dogme de la Trinité, surtout si on les ajoute aux nombreux passages où il parle isolé-

(1) Ire *Apolog.*, VI, 2.
(2) Ire *Apolog.*, XIII, 2 et 3.
(3) *Id.*, LXI, 11 à 13.

ment de l'une ou de l'autre des trois personnes divines.

Dans un seul endroit l'auteur, qui paraît quelquefois rechercher plus volontiers l'éloquence de l'orateur que la précision du théologien, semble se contredire lui-même ; c'est quand il écrit : « Par l'Esprit et la vertu de Dieu, nous ne pouvons entendre que le Verbe, le premier-né de Dieu, comme parle le prophète Moïse (1). » Cette phrase isolée ne saurait à elle seule détruire vingt autres textes absolument précis et convaincants. Si elle jette néanmoins quelque indécision sur la pureté de la doctrine trinitaire dans saint Justin, il faut se souvenir qu'elle a été écrite plus d'un siècle et demi avant les précisions dogmatiques du concile de Nicée.

§ II. — *La Doctrine du Verbe.*

La place importante que la théorie du Verbe ou du Logos occupe dans le système théologique de saint Justin, est peut-être la raison capitale qui a attiré sur le premier des philosophes chrétiens l'attention des savants.

Plusieurs écrivains (2), rationalistes pour la plupart, surprenant dans cet auteur des traces de platonisme, — et même de philonisme, — chose qui n'aurait pas dû tant les surprendre, étant donnée la première formation philosophique de l'apologiste, lui font, et pour les mêmes raisons, le même reproche qu'ils ont déjà fait au quatrième évangéliste : d'avoir complètement em-

(1) *Id.*, xxxiii, 6.
(2) Cf. en particulier M. Vacherot, *Histoire de l'Ecole d'Alexandrie.*

prunté au philosophe juif Philon sa doctrine du Verbe. Les critiques catholiques démontrent au contraire, d'une façon suffisante, que l'analogie entre Philon et saint Justin est surtout dans les mots beaucoup plus que dans les idées ; tandis que le système du juif alexandrin s'écarte visiblement de la Bible pour se rapprocher de Platon et heurte l'Evangile, la doctrine de l'apologiste, d'une manière générale et pour le fond, n'est que le commentaire du premier chapitre de saint Jean, de même que l'apôtre dans son évangile avait développé avec les lumières de la révélation chrétienne, la doctrine de la Sagesse renfermée dans les livres de l'Ancien Testament.

Le philosophe juif Philon, dans le but de concilier l'hellénisme avec le mosaïsme, essaya de construire ce que nous appellerions aujourd'hui une philosophie du dogme, en s'appuyant sur les principes de la révélation biblique. Telle paraît avoir été son intention ; mais en fait, il s'est trouvé avoir sacrifié le plus souvent la religion juive à la philosophie grecque. C'est ainsi qu'à l'idée de Dieu il mêle la théorie platonicienne de l'éternité de la matière. Envisageant ensuite la matière comme le siège du mal, il n'ose mettre Dieu en contact avec elle, et il imagine entre elle et Dieu un être intermédiaire pour servir d'organe ou d'instrument dans la formation des choses et de principe vital dans le monde. Cet être intermédiaire, qui deviendra le Démiurge des Gnostiques, qui occupe le milieu entre Dieu et l'homme, inférieur à l'un et supérieur à l'autre, c'est le Logos.

A cette divinité secondaire, Philon conserve-t-il au moins le caractère de la personnalité ? Sa pensée ne paraît pas être toujours parfaitement claire à ce sujet. Tantôt quand il n'ose rompre ouvertement avec la tradition juive, il conserve au Logos le caractère d'individualité, insinué au moins, sinon exprimé, dans les Proverbes, l'Ecclésiastique et la Sagesse ; tantôt, quand il revient à Platon, l'idée de personnalité semble s'évanouir ; le Logos n'est plus que l'entendement divin, le lieu des idées divines, l'idée universelle, l'harmonie, l'esprit ou l'âme du monde. Enfin, à cause de sa doctrine sur l'imperfection et l'impureté de la matière, Philon ne saurait admettre l'idée d'une apparition de Dieu dans la chair, d'une union réelle de la nature divine avec la nature humaine.

L'influence de Philon a été considérable, persistante et pernicieuse, dans tout l'Orient, mais surtout à Alexandrie.

Or, c'est à Alexandrie que nous avons placé, selon toutes probabilités, la conversion de saint Justin. Il était alors philosophe platonicien. Nous avons vu que même après son baptême, il reste fidèle à Platon dans la mesure où le lui permet sa foi chrétienne ; il le place, après Moïse et les prophètes, parmi les âmes de bonne volonté à qui le Verbe s'est partiellement révélé, avant son apparition en ce monde. D'autre part, avec la curiosité intellectuelle qui le caractérise, il n'a pu rester quelque temps à Alexandrie sans avoir connaissance des ouvrages de Philon. Dans ces conditions on ne s'étonnera pas de rencontrer chez lui des détails communs, et même ici et là quelques réminiscences, quelques emprunts partiels au philosophe juif. Il n'en reste pas moins vrai que pour le fond de la doctrine, saint Justin abandonne et Philon et Platon, au point de les contredire formellement, pour suivre les enseignements de la révélation scripturaire.

Dans son dialogue avec Tryphon, Justin démontre aux Juifs que le Christ, né d'une vierge et crucifié, est bien le Messie promis par Dieu à leurs ancêtres, puisque lui seul a accompli parfaitement et jusque dans les moindres détails les prophéties annoncées à son sujet. L'apologiste en cite un très grand nombre et montre de quelle façon elles ont été réalisées ; puis il identifie le Christ avec le Verbe, fils de Dieu, mais son interlocuteur l'interrompt :

« ... T'entendre dire que Christ est Dieu, dit Tryphon, a préexisté avant les siècles, puis qu'il a consenti à se faire homme et à naître, et qu'il n'est point homme d'entre les hommes, cela ne me paraît pas seulement paradoxal mais encore insensé ! »

« — A quoi je répondis : je sais que mes paroles semblent paradoxales à ceux surtout de votre race, vous qui n'avez jamais voulu ni comprendre, ni pratiquer les enseignements de Dieu, mais seulement « ceux de vos didascales », comme Dieu lui-même le proclame. Cependant, Tryphon, disais-je, il est déjà acquis que cet homme-là est le Christ de Dieu, même si je ne pouvais démontrer que Fils du Dieu créateur de toutes choses, il a préexisté et est né homme par la Vierge. Comme il est parfaitement démontré qu'il est le Christ de Dieu, de quelque nature qu'il soit, si je ne démontrais pas qu'il a préexisté, qu'il a consenti ensuite à naître homme souffrant comme nous et dans la chair, selon la volonté du Père, c'est sur ce point seulement qu'il serait juste de dire que je me trompe (1)... »

Plus loin, saint Justin affirme de nouveau sa croyance à la divinité du Christ ; Jésus est à la fois Dieu et homme ; il est Dieu fait homme. Il est le premier-né de Dieu, engendré avant toutes les créa-

(1) *Dial. avec Thryph.*, XLV, 1 à 4.

tures » et d'autre part il est en même temps le fils des patriarches puisqu'il s'est fait chair par une vierge de leur race et a voulu devenir « un homme sans beauté, humble et passible ». — « Nous voyons écrit, dit-il, dans les Mémoires des Apôtres (1), qu'il est le Fils de Dieu, et nous disons qu'il est le Fils comprenant qu'il est sorti du Père par la puissance et la volonté de celui-ci avant toutes les créatures... et qu'il est devenu homme par la Vierge (2). » — « ... Les barbares aussi ont été éclairés par le même Verbe, revêtu d'une forme sensible et appelé Jésus-Christ... La première puissance après Dieu, le Père et le Maître de toutes choses, c'est son Fils, le Verbe, qui s'étant fait chair est devenu homme (3)... » Ces paroles ne sont que le développement du : « *Et Verbum caro factum est* » de saint Jean.

L'apologiste explique le mode de l'Incarnation du Verbe, par l'intervention surnaturelle de l'Esprit-Saint et la conception miraculeuse de la Vierge, selon la parole du prophète : « Voici que la Vierge sera enceinte, » c'est-à-dire concevra sans commerce humain. Il enseigne, contre les Docètes, que le Christ est bien un homme de notre race, ayant vécu de la même vie que les autres hommes, et soumis aux mêmes misères que nous : « Le jour où il devait être crucifié, il prit trois de ses disciples et se rendit sur la montagne des Oliviers... où il fit cette prière : « Père, s'il est possible, que ce calice s'éloigne de moi. » Ensuite il ajouta : « Qu'il n'en soit pas comme je le veux, mais comme tu le veux. » Il montre par

(1) C'est ainsi que saint Justin désigne habituellement les évangiles.
(2) *Dial. avec Tryph.* c, 4 ; cf. cv, 1 ; XLV, 4.
(3) Ire *Apolog.*, v, 4 ; XXXII, 2, 10, 14 ; XXXIII, 5, 6 ; LXIII, 10.

là qu'il était véritablement un homme soumis à la douleur (1)... »

Enfin, si le Verbe s'est incarné, s'il a souffert et s'il est mort, c'était pour nous délivrer du démon et réparer la faute du premier homme, afin que la désobéissance qui vint du serpent fût détruite de la même manière qu'elle avait commencé... afin de participer à nos misères et par là de les guérir (2). « S'il a voulu naître et être crucifié, ce n'est pas qu'il en eût besoin, c'est pour le genre humain, qui, depuis Adam, était tombé dans la mort par la séduction du serpent. » « Les anciens de votre peuple, dit-il encore à Tryphon, et les prêtres l'ont chassé comme le bouc émissaire, ils ont porté les mains sur lui et l'ont condamné à mort... Cette parole : « Il lavera sa robe dans le sang de la grappe » annonçait la passion qu'il devait subir, purifiant dans son sang ceux qui croient en lui (3)... »

Saint Justin, à l'encontre des disciples de Philon, identifie nettement le Verbe avec Jésus-Christ. Le Christ, pour lui, c'est le Verbe incarné pour racheter le monde du péché ; il est le Messie promis aux Juifs ; aucun prophète ne doit venir après lui ; il est le Fils de Dieu fait homme.

Et pourtant, il n'y a pas lieu de cacher que deux ou trois passages dans les écrits de l'apologiste peuvent être justement critiqués. C'est qu'il faut en effet distinguer en saint Justin le témoin de la tradition toujours exact et précis quand il expose la croyance universelle de l'Église, et le philosophe parfois aven-

(1) *Dial. avec Tryph.*, XCIX, 2.

(2) IIe *Apolog.*, XIII, 4.

(3) *Dial. avec Tryph.*, XIII, 4, 5, 6 ; XL, 4, 5 ; LXXXVIII, 4 ; LXXXIX, 3 ; CXXII, 3.

tureux. Comme nous l'avons dit, Justin en recevant le baptême, n'a pas renoncé sans quelque regret à la philosophie platonicienne et dans son désir de concilier autant qu'il croyait possible les données de cette dernière avec le dogme révélé, quelques expressions ont pu lui échapper qu'il n'eût point employées après le Concile de Nicée. En insistant sur la distinction des trois personnes divines, il a pu laisser croire par quelques termes équivoques qu'il plaçait le Verbe au-dessous du Père et au second rang et s'il fallait s'en tenir à deux ou trois textes isolés pour juger de l'ensemble de sa doctrine, il paraîtrait avoir encouru, comme on l'en a accusé, le reproche de subordinatianisme. C'est ainsi que la précision du langage théologique ne nous permettrait plus de dire que le Fils est l'ouvrage (1) du Père, ou qu'il est « quelque chose d'autre que le Père (2) », mais « quelqu'un d'autre ». Nous citerons seulement pour sa défense, ces belles et sages paroles de Bossuet :

« Telle est la hauteur et pour ainsi dire la délicatesse de la vérité de Dieu, que le langage humain n'y peut toucher sans la blesser en quelque endroit. C'est qu'en expliquant la distinction et l'origine du Fils, il est à craindre que vous n'y mettiez quelque chose qui se ressente de l'inférieur. Mais, après tout, si vous attendez à parler de Dieu que vous ayez trouvé des paroles dignes de lui, vous n'en parlerez jamais. Parlez-en donc, en attendant, comme vous pourrez, et résolvez-vous à dire toujours quelque chose qui ne porte pas où vous tendez, c'est-à-dire au plus parfait. Dans cette faiblesse de votre discours, vous vous sauvez,

(1) *Dial. avec Tryph.*, CXIV, 2.
(2) *Ibid.*, CXXVIII, 1.

en songeant que vous aurez toujours à vous élever au-dessus des termes où vous ressentirez de l'imperfection, puisque dans l'extrême pauvreté de notre langage, il faudra même s'élever au-dessus de tous ceux que vous trouverez les plus parfaits (1). »

§ III. — *Loi ancienne et loi nouvelle.*

Le *Dialogue avec Tryphon* est un précieux spécimen des ouvrages de controverse juive, assez nombreux dans les premiers siècles de l'Eglise. C'est une œuvre un peu touffue et désordonnée, sans plan logique bien déterminé, avec des digressions et des redites qui en rendent la lecture parfois pénible. Nous n'en ferons pas l'analyse, même sommaire ; nous nous contenterons d'indiquer les idées fondamentales mises en discussion.

L'abrogation de la loi mosaïque et la divinité de la loi évangélique prouvées par l'accomplissement des prophéties de l'Ancien Testament dans la personne de Jésus-Christ : tels sont les deux points principaux de l'argumentation de saint Justin.

Le philosophe chrétien se défend d'abord d'adorer un autre Dieu que le Dieu des Juifs ; il n'y a jamais eu et il n'y aura jamais d'autre Dieu que celui qui a créé et organisé cet univers ; « c'est lui, dit-il, qui a fait sortir vos pères de la terre d'Egypte... nous n'espérons pas non plus en quelque autre, car il n'y en a pas, mais dans le même que vous, le Dieu d'Abraham, d'Isaac et de Jacob. Seulement nous n'espérons en Lui ni par Moïse ni par la Loi (2)... »

(1) BOSSUET. *Sixième avertissement sur les lettres de M. Jurieu.*
(2) *Dial. avec Tryph.*, XI, 1.

Les prophètes, en effet, n'ont-ils pas annoncé qu'il devait y avoir une Loi suprême et une Alliance plus parfaite qui s'imposeraient à tous les hommes de tous les temps, et non plus seulement aux Juifs ? Mais une loi portée contre une autre loi abroge la précédente, de même qu'un testament postérieur annule celui qui l'a précédé ; or, la loi éternelle et dernière nous a été donnée ; le testament fidèle après lequel il n'y a plus de loi, plus de préceptes, plus de commandements, nous le connaissons ; cette loi éternelle, ce testament, c'est le Christ. C'est du Christ que parle Isaïe, quand il dit : « Ecoutez-moi, ô mon peuple, et vous, ô rois, prêtez-moi l'oreille : une loi sortira de moi et mon jugement pour la lumière des nations. Ma justice approche rapidement, mon salut va sortir et les nations espéreront en mon bras (1)... » C'est cette nouvelle alliance que le prophète Jérémie nous promet par ces paroles : « Voici que les jours viennent, dit le Seigneur, où je donnerai à la maison d'Israël et à la maison de Juda une alliance nouvelle, non pas celle que je donnai à leurs pères le jour où je les pris par la main pour les faire sortir de la terre d'Égypte (2)... »

Ainsi donc, Dieu a annoncé qu'une nouvelle alliance serait conclue. Nous constatons, d'autre part, qu'à cause du nom de Jésus-Christ, des milliers d'hommes quittent leurs idoles pour se rapprocher de Dieu et persistent jusqu'à la mort à confesser cette foi ; n'avons-nous pas droit de conclure, à la vue des merveilles qu'il opère dans le monde, que le Christ est bien la nouvelle Loi, la nouvelle Alliance annoncée par Dieu ?

(1) Isaie, LI, 4-5.
(2) Jérémie, XXI, 31-32.

D'ailleurs, la Loi ancienne donnée autrefois aux Juifs devait disparaître ; elle n'avait qu'un caractère transitoire et passager. Comment se réunir désormais dans le Temple et offrir des sacrifices liturgiques, maintenant que la ruine de Jérusalem, commencée par Titus, vient d'être consommée sous Adrien, et que l'entrée de la ville sainte est interdite à tous les Juifs, sous les peines les plus sévères ? De deux choses l'une, ou bien Dieu leur demande l'impossible, ou bien la loi mosaïque est abrogée.

Ainsi que l'avait déjà fait l'auteur de l'épître dite de Saint-Barnabé, et dans des termes analogues, saint Justin met en évidence l'imperfection des observances rituelles : « Si quelqu'un n'a pas les mains pures, dites-vous, qu'il se lave et il est purifié. Ce n'est certes pas au bain que vous envoyait Isaïe, pour vous y laver de vos meurtres et de vos autres péchés ; pas même l'eau tout entière de la mer ne saurait suffire à vous en purifier ; mais naturellement, il parlait déjà de ceux qui se convertissent et se purifient, non plus « par le sang des boucs et des brebis », ou par la cendre d'une génisse, ou par des offrandes de farine, mais par la foi, grâce au sang du Christ et à sa mort, car c'est pour cela qu'il est mort (1). »

La circoncision elle-même, prescrite autrefois par Dieu n'a pas ce caractère d'absolue nécessité que les Juifs lui prêtent; si elle était aussi indispensable qu'ils le prétendent, Dieu n'aurait pas créé Adam dans l'incirconcision ; il n'aurait pas écouté favorablement les prières d'Abel, d'Enoch, de Noé, de Melchisédech qui n'étaient pas circoncis. Le fait que les femmes ne peuvent pas recevoir la circoncision charnelle prouve bien qu'elle fut donnée comme un signe et non comme

(1) *Dial. avec Tryph.*, XII, 3 à XIII, 2.

une œuvre de justice, car pour tout ce qui regarde les obligations de la vertu, Dieu a voulu que les femmes y fussent soumises aussi bien que les hommes. Saint Justin se laisse aller même à un mouvement d'amertume quand il dit à Tryphon que la circoncision a été donnée aux Juifs pour qu'on pût distinguer à jamais le peuple déicide du reste des nations (1).

En prescrivant les cérémonies de l'ancienne loi, Dieu avait voulu figurer à l'avance, et comme dessiner les choses de l'avenir ; l'agneau pascal n'était que le symbole de l'Agneau sans tache immolé sur la croix ; le bouc émissaire annonçait celui qui devait se charger du poids de nos péchés ; les offrandes de froment étaient l'image du pain eucharistique, etc., mais ce n'étaient que des images, et rien n'est plus absurde que de vouloir attribuer une durée sans fin à des ombres passagères qui ont fait place à la réalité.

C'est à cause de la dureté de leurs cœurs que Dieu a imposé aux Juifs tous ces préceptes par Moïse, afin de leur mettre par ces pratiques nombreuses, sa présence devant les yeux en toute action et les préserver de l'injustice et de l'impiété ; encore avec tout cela, n'a-t-il pas réussi toujours à les détourner des idoles! Mais après la venue du Christ, toutes ces observances sont devenues inutiles, sinon malfaisantes : « ... Si donc la circoncision n'était pas nécessaire avant Abraham, ni avant Moïse, le sabbat, les fêtes et les offrandes, tout cela est encore moins nécessaire maintenant, après que par la volonté de Dieu, son Fils Jésus-Christ est né sans péché d'une vierge de la race d'Abraham (2)... »

(1) Cf : *Dial. avec Tryph.*, XVI, 2 ; XIX, 2 à 6 ; XXIII, 1 à 3 ; XCII, 2 à 5 ; etc
(2) *Dial. avec Tryph.*, XXIII et XXIV.

Ainsi, pour tous ceux qui ont reçu le baptême et qui ont la foi au Christ, la Loi n'existe plus. Saint Justin exalte en des termes enflammés la sainte liberté des vrais enfants de Dieu, en même temps qu'il condamne sévèrement les Juifs obstinés dans leur aveuglement. Cependant, il admet que des Juifs sincères qui ont foi dans le Christ et qui lui obéissent peuvent être sauvés tout en continuant de pratiquer leurs anciennes observances, mais à condition qu'ils s'abstiennent formellement de rien critiquer chez les autres et de vouloir imposer leur manière de penser à personne (1).

On peut résumer en ces termes toute l'argumentation de saint Justin discutant avec Tryphon : Jerusalem est en ruines, votre terre est dévastée, et au lieu de vous rendre à l'évidence et de vous repentir de vos péchés, vous poursuivez de votre haine les disciples du Christ. Dans votre fol orgueil de peuple privilégié, vous n'avez pas compris que le règne messianique ne devait pas se borner à vous seuls, mais s'étendre à toute l'humanité. Et cependant, vos prophètes n'avaient cessé de prédire que toutes les nations de la terre se convertiraient un jour au vrai Dieu. Vous n'avez pas su sonder vos Ecritures : elles rendent témoignage du Christ; vous n'avez pas compris qu'elles annonçaient la conversion des gentils par le Messie et la formation de la grande société chrétienne; véritable race d'Abraham selon l'esprit et dans le sens complet du mot. Saint Justin termine en faisant des vœux pour que Tryphon et ses compagnons arrivent à reconnaître que Jésus est le Christ, Fils du Dieu vivant.

(1) *Dial. avec Tryph.*, XLVI et XLVII.

Cette critique du judaïsme, bien qu'ordinairement juste dans ses détails, aurait gagné à être envisagée d'un peu plus haut, aussi bien que la discussion à être enserrée dans des limites plus précises ; la polémique est souvent trop étroite et l'exégèse bien artificielle, mais ces défauts sont ceux du temps où vivait l'auteur bien plus que les siens propres ; telle quelle, sa longue dissertation était certainement de nature à impressionner des Juifs de sens droit et de bonne volonté.

§ IV. — *La vie chrétienne.*

Nous avons parlé des odieuses calomnies répandues par les païens contre les disciples de Jésus-Christ. Tryphon, qui est un homme d'un certain bon sens, déclare n'y pas ajouter foi, mais tous n'imitaient pas sa réserve. Les chrétiens, toujours sous la menace d'une dénonciation depuis le décret de Trajan, étaient obligés par la force des choses d'entourer leurs réunions d'un certain mystère ; ils s'assemblaient le plus souvent la nuit, dans les lieux déserts, au fond de carrières abandonnées dans la banlieue de Rome. Que se passait-il dans ces assemblées ? Saint Justin va nous le dire :

On n'y égorge pas de petit enfant, comme l'affirment Cécilius et Fronton ; on ne s'y livre pas non plus à l'immoralité, comme le disent les païens, mais on y loue le vrai Dieu par la prière, les hymnes et les cérémonies rituelles que le Christ a prescrites et que les apôtres nous ont apprises. C'est là que ceux qui ont été initiés à la foi de Jésus-Christ et qui se repentent de leurs péchés reçoivent le sacrement de la régénération. L'apologiste décrit longuement ce premier rite de l'initiation : « Ceux qui croient à la vérité de nos enseignements et de notre doctrine promettent d'abord de vivre selon cette doctrine. Alors nous leur apprenons à prier et à demander à Dieu, dans le jeûne, la rémission de leurs péchés, et nous-mêmes nous prions et nous jeûnons avec eux. Ensuite, ils sont conduits par nous au lieu où est l'eau, et là, de la même manière que nous avons été régénérés nous-mêmes, ils sont régénérés à leur tour. Au nom de de Dieu le Père et le Maître de toutes choses, et de Jésus-Christ notre Sauveur, et du Saint Esprit, ils sont alors lavés dans l'eau (1). »

Ce qu'on est convenu d'appeler la matière et la forme du sacrement de Baptême se trouve très nettement indiqué dans ce texte, ainsi que les dispositions requises chez l'adulte et les engagements solennels qu'il prend en présence de l'assemblée chrétienne. S'il est nécessaire à l'homme d'être purifié avant de participer au culte du vrai Dieu, c'est qu'il est par sa nature même l'objet de la malédiction divine. Saint Justin insinue clairement le dogme de la déchéance originelle quand il dit plus loin : « Dans notre première génération, nous naissons ignorants et selon la loi de la nécessité, dans l'union mutuelle de nos parents, et nous venons au monde avec des habitudes mauvaises et des inclinations perverses. Pour que nous ne restions pas ainsi les enfants de la nécessité et de l'ignorance... on invoque dans l'eau sur celui qui veut être régénéré et qui se repent de ses péchés le nom

(1) Ire *Apolog.*, LXI, 2 à 5.

de Dieu, le Père et le Maître de l'univers (1)... » C'est ce bain salutaire qui avait été annoncé par le prophète Isaïe ; les Juifs s'étaient creusé des citernes, mais voici qu'elles sont détruites ; le bain baptismal seul est la véritable « eau de la vie » qui purifie ceux qui ont fait pénitence.

Par la réception du baptême le nouveau chrétien fait partie de la communauté des fidèles ; au milieu de ses frères il s'unit aux prières communes. Tous prient avec ferveur pour soi, pour le nouveau baptisé, pour tous les absents, en quelque lieu qu'ils soient, afin d'obtenir, avec la connaissance de la vérité, la grâce de pratiquer la vertu, de garder les préceptes du Seigneur et de mériter le salut éternel ; quand les prières sont terminées, tous se donnent le baiser de paix. « On apporte alors à celui qui préside l'assemblée des frères du pain et une coupe d'eau et de vin trempé. Il les prend et loue et glorifie le Père de l'univers par le nom du Fils et du Saint-Esprit, puis il fait une longue eucharistie pour tous les biens que nous avons reçus de lui. Quand il a terminé les prières et l'eucharistie, tout le peuple présent pousse l'exclamation : Amen. Les ministres, que nous appelons diacres, distribuent à tous les assistants le pain, le vin et l'eau consacrés, et ils en portent aux absents. Cet aliment est appelé « eucharistie » et personne ne peut y prendre part s'il ne croit à la vérité de notre doctrine, s'il n'a reçu le bain pour la rémission des péchés et la régénération et s'il ne vit selon les préceptes du Christ. Car nous ne prenons pas cet aliment comme un pain commun et une boisson commune. De même que par la vertu du Verbe de

(1) Ire *Apolog.*, LXI, 10 à 12.

Dieu, Jésus-Christ notre Sauveur a pris chair et sang pour notre salut, ainsi l'aliment consacré par la prière formée des paroles du Christ, cet aliment qui doit nourrir par assimilation notre sang et nos chairs, est la chair et le sang de Jésus incarné : telle est notre doctrine (1). »

Il est à peine besoin de faire remarquer la haute importance de ce passage où se trouve si clairement affirmé le dogme de la présence réelle. Quelques lignes plus loin, saint Justin revient sur la même idée, presque dans les mêmes termes, à propos des réunions dominicales. Le jour du soleil, en mémoire du premier jour où Dieu créa la lumière et de la résurrection du Sauveur, dans les villes et à la campagne, les chrétiens se réunissent dans un même lieu : on lit les écrits des prophètes et les mémoires des apôtres, pendant un certain temps ; quand le lecteur a fini, celui qui préside prend la parole et fait un discours pour exhorter à l'imitation de ces beaux enseignements ; puis tous se lèvent et prient ensemble à haute voix ; on apporte ensuite du pain avec du vin et de l'eau ; le président fait monter au ciel les prières et les eucharisties et tout le peuple répond par l'acclamation : Amen. Puis a lieu la distribution et le partage du pain et du vin consacrés à chacun et l'on envoie leur part aux absents par le ministère des diacres. A la fin, on fait une collecte où chacun donne ce qu'il veut, et le produit est remis au président qui a pour mission de secourir les orphelins, les veuves, les malades, les indigents, les prisonniers, les hôtes étrangers, en un mot d'assister tous ceux qui sont dans le besoin.

(1) Ire *Apolog.*, LXV, 3 à LXVI, 3.

Ce tableau de la liturgie chrétienne au milieu du IIe siècle n'est que la description du sacrifice de la messe dans ses trois parties essentielles ou intégrantes : offertoire, consécration et communion. Un seul officiant avec des diacres, la lecture d'un fragment de l'Ancien et du Nouveau Testament, une exhortation aux fidèles faite sur ce thème, l'oblation du pain et du vin comme matière du sacrifice, des actions de grâces rendues à Dieu en commun avec l'assistance, une prière faite par le célébrant seul et pendant laquelle il consacre les dons par les paroles mêmes du Sauveur, le changement du pain et du vin au corps et au sang de Jésus-Christ, de nouvelles actions de grâces entrecoupées par l'acclamation du peuple qui exprime d'un mot sa participation à l'acte accompli par le célébrant, le baiser de paix, la communion distribuée aux assistants, telles sont, au deuxième siècle comme de nos jours, les principales cérémonies du saint Sacrifice.

Et c'est bien, dans la pensée de saint Justin, d'un véritable sacrifice qu'il s'agit quand il parle de l'Eucharistie. « L'oblation de farine, dit-il, prescrite pour ceux qui sont purifiés de la lèpre était une figure du pain de l'Eucharistie, que Jésus-Christ nous a ordonné de faire en mémoire de la passion qu'il a soufferte pour purifier nos âmes de tout péché (1). » Et ailleurs, rappelant aux Juifs la prophétie de Malachie, I, 10 : « ... mon nom est glorifié parmi les nations et en tout lieu on offre en mon nom de l'encens et une victime pure... » il affirme : « Il (Dieu) annonçait déjà les sacrifices que nous, les Gentils, nous lui offrons en tout lieu, c'est-à-dire le pain et la coupe de l'Eucha-

(1) *Dial. avec Tryph.*, XLI, 1 et 2 ; Cf. *etiam* CXVII, 1 à 4.

ristie, lorsqu'il disait que son nom est glorifié par nous (1)... »

Précieux témoignage qui, ajouté à ceux de saint Ignace, martyr, et de la Didaché, nous montre clairement la foi des premiers chrétiens en la présence réelle de Notre Seigneur dans la sainte Eucharistie !

§ V. — *La vie éternelle.*

Parmi les vérités religieuses qu'il paraissait le plus difficile de faire admettre à des païens, il faut citer le dogme de la résurrection de la chair. Aussitôt qu'ils en entendent parler, les sophistes de l'Aréopage tournent le dos à saint Paul et lui disent : Nous vous écouterons là-dessus une autre fois ! Et pourtant il n'était pas alors — il n'est pas encore aujourd'hui — de vérité plus consolante pour des chrétiens, ni plus capable de leur faire supporter vaillamment les persécutions ou les misères de la vie présente. Nul ne s'étonnera donc de trouver chez les apologistes de nombreuses allusions à ce dogme. On a même longtemps attribué à saint Justin un traité particulier, *De resurrectione,* qui nous est parvenu incomplet ; d'assez fortes divergences de style font douter qu'il en soit véritablement l'auteur ; mais cet ouvrage est certainement de la même époque et ne fait que développer des allusions et des affirmations précises un peu éparses dans les deux *Apologies* et le *Dialogue avec Tryphon.*

« Nous espérons, dit saint Justin que les morts déposés en terre reprendront leurs corps, convaincus que rien n'est impossible à Dieu (2). » Les merveilles

(1) *Ibid.*

(2) Ire *Apolog.*, XVIII, 6.

de la génération humaine dont nous sommes tous témoins ne sont pas un phénomène moins extraordinaire que celui de la résurrection de la chair ; pourquoi vouloir imposer des limites à la puissance divine? Ne serait-il pas absurde de supposer que cette créature faite à l'image de Dieu soit négligée par son auteur jusqu'à tomber dans le néant ? Qu'est-ce en effet que l'homme sinon un animal raisonnable composé d'un corps et d'une âme ; l'âme toute seule n'est pas l'homme ; le corps tout seul n'est pas l'homme. Si donc l'homme n'est ni l'un ni l'autre des deux principes séparés, mais le composé qui résulte de l'union des deux ; si par ailleurs Dieu appelle l'homme à la vie éternelle, il l'appelle tout entier, corps et âme. Ce n'est pas l'âme seule et sans la chair qui a entendu sa prédication et a cru en Jésus-Christ ; toutes deux ont été baptisées, toutes deux ont pratiqué la justice ; Dieu serait injuste et ingrat, quand toutes deux ont cru en lui, de sauver l'une et non pas l'autre.

Quand et comment s'opérera cette résurrection ? Ce sera à la fin du monde, lors du second avènement du Christ : « Les prophètes ont annoncé deux avènements du Christ : l'un qui a déjà eu lieu, comme d'un homme humble et passible ; le second, lorsqu'il reviendra du ciel, dans la gloire, avec l'armée de ses anges, ainsi qu'il est prédit. Alors il ressuscitera les corps de tous les hommes qui ont existé ; il revêtira les justes d'immortalité et il enverra les méchants au feu éternel où ils souffriront éternellement avec les mauvais démons (1) ! » Et saint Justin cite à l'appui de cette doctrine les prophéties d'Ezéchiel, XXVII, 7-8, — d'Isaïe, LXVI, 24, — de Zacharie, XII, 10-12. L'apologiste avoue à Tryphon qu'il croit qu' « il y aura un

(1) Ire *Apolog.*, LII, 3. — Cf. *etiam* XLV, 1 et 6 ; LXVIII, 2.

règne de mille ans dans une Jérusalem rebâtie, embellie et agrandie, ainsi que le promettent Ezéchiel, Isaïe et les autres prophètes », mais il reconnaît en même temps qu' « un grand nombre, en revanche, même de ceux qui suivent la doctrine chrétienne pure et pieuse, n'admettent pas cette doctrine (1) ».

Tous les hommes ressusciteront à la fin du monde et seront jugés par le Christ, lors de son second avènement. Les justes participeront à sa gloire et à son immortalité avec les anges, tandis que les méchants seront jetés dans le feu éternel avec les démons. Voilà pourquoi les chrétiens préfèrent sacrifier leur vie plutôt que de perdre l'héritage céleste. Ils pourraient nier quand on les interroge devant les tribunaux, mais ils ne veulent pas vivre au prix d'un mensonge, « persuadés et convaincus que ceux-là pourront obtenir ce bonheur (du ciel), qui auront prouvé à Dieu par leurs œuvres qu'ils l'ont suivi et qu'ils ont ambitionné de vivre auprès de lui, là où le mal ne fait plus sentir de résistance (2). » — « Nous savons, dit encore saint Justin, que si les hommes se montrent, par leurs œuvres, dignes des desseins de Dieu, ils seront admis à vivre à ses côtés et à régner avec lui, devenus incorruptibles et impassibles (3)... » La mort n'existera plus désormais, puisque les uns vivront d'une vie exempte de souffrances et de corruption et les autres seront envoyés au feu qui doit les punir sans fin ; ce sera l'éternité pour tous, justes et damnés, et non pas une période de mille ans, comme le disait Platon.

Et qu'on ne dise pas que ce châtiment des méchants est trop grave pour être vraisemblable, et que les

(1) *Dial. avec Tryph.*, LXXX, 2, à LXXXIII ; CXXXIX, 5.
(2) Ire *Apolog.*, VIII, 1 à 3.
(3) Ire *Apolog.*, XII, 2.

disciples de Jésus-Christ pratiquent la vertu par la crainte et non par l'amour du bien ! car « si cela n'est pas, Dieu non plus n'est pas ; ou bien s'il existe, il ne s'occupe pas des hommes, et la vertu et le vice pour lui ne sont rien (1)... »

Il ne peut y avoir de doctrine qui soit plus profitable au bien de l'Etat et au bonheur des citoyens ; nul ne saurait échapper à Dieu : l'avare, l'impudique, le malfaiteur pas plus que l'honnête homme, et chacun, selon ses œuvres, prend le chemin du bonheur ou du châtiment éternel. « Si tous les hommes savaient cela, personne ne voudrait commettre un crime d'un instant, sachant bien qu'il encourt le supplice du feu ; mais il se contiendrait de toutes manières et se parerait de vertus, afin d'obtenir les biens promis par Dieu et d'éviter les châtiments (2). »

(1) Ire *Apolog.*, x, 2.
(2) IIe *Apolog.*, IX, 1.

Conclusion.

On peut envisager saint Justin et son œuvre à plusieurs points de vue.

Considéré comme organe et interprète de la tradition, nul autre ne résume d'une manière plus complète le mouvement doctrinal du second siècle, au sein du christianisme. Et quelle n'est pas l'autorité d'un témoin dont les écrits nous attestent que les dogmes de la Trinité, de la divinité de Jésus-Christ, de la présence réelle, de la transsubstantiation, de l'inspiration des Ecritures, de l'éternité des peines, étaient admis comme la foi universelle de l'Église à cette époque reculée? Mais ce qui fait à proprement parler l'originalité de saint Justin, c'est l'application qu'il a faite de son esprit philosophique au dogme révélé. On a plaisir à surprendre dans ses ouvrages les premières tentatives de la raison chrétienne, essayant d'éclaircir les données de la révélation à l'aide des connaissances naturelles, de les coordonner entre elles, de construire en un mot la philosophie du dogme ou la science de la foi.

Comme critique, notre apologiste n'est pas à l'abri de tout reproche. Quelques emprunts malheureux faits à l'école juive d'Alexandrie, l'opinion des Millénaires qu'il adopte, des recherches trop subtiles dans l'interprétation des Écritures, l'abus de l'allégorie et du sens figuré, prouvent que sa méthode n'était pas parfaite ; encore sont-ce là des taches légères dans un auteur qui a remué tant de questions à une époque où ces points d'histoire ou d'exégèse n'avaient pas subi l'épreuve d'une longue discussion.

Comme écrivain, son style est sobre quelquefois jusqu'à la sécheresse. L'auteur passe facilement d'une idée à une autre, laisse là un argument inachevé pour le reprendre un peu plus loin, se laisse aller à des digressions fréquentes. La régularité du plan et l'exacte distribution des parties font défaut le plus souvent à ses ouvrages ; ce ne sont pas des écrits composés avec grand soin durant les loisirs d'une vie tranquille ; ce sont en quelque sorte des discours, presque des improvisations nées des circonstances, qu'il faut lire en les replaçant dans leur milieu pour les bien comprendre et les apprécier équitablement.

Mais c'est comme un saint et comme un martyr que la piété chrétienne se plaît à envisager surtout saint Justin ; c'est à ce titre que l'Église catholique l'honore et qu'elle le prie. Qu'importent les qualités ou les imperfections de l'écrivain devant le caractère de l'homme et la grandeur de la cause qu'il a servie et défendue jusqu'à l'effusion de son sang ? C'est par sa vie et par sa mort, autant que par ses ouvrages, qu'il a droit à notre admiration.

Table des Matières.

1200-10. — Imp. des Orph.-Appr., F. Blétit, 40, rue La Fontaine, Paris-Auteuil.

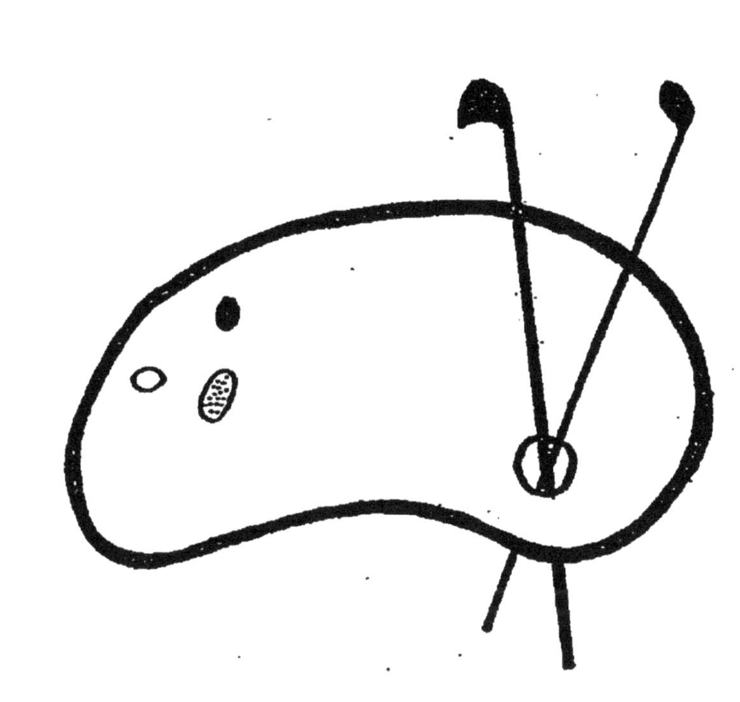

www.ingramcontent.com/pod-product-compliance
Ingram Content Group UK Ltd.
Pitfield, Milton Keynes, MK11 3LW, UK
UKHW012255240726
13966UKWH00004B/1426

9 782012 848825